Vorwort

Es ist eine Mischung aus Luxus, Macht und Abenteuer, die den Beruf des Unternehmensberaters umgibt. Das Kopfkino kommt mit wenigen Kulissen aus: Flughafen, Hotelbar, Konferenzraum. Die Hauptdarsteller: George Clooney und Scarlett Johansson. Auch nach zwölf Stunden im Flieger sehen die beiden fantastisch aus, bei der PowerPoint-Präsentation hängen alle an ihren Lippen, und am Abend versinken sie in Seidenschlafanzügen im riesigen Bett eines Fünf-Sterne-Hotels. Aber wo endet das Klischee, und wo beginnt der Arbeitsalltag? Es ist eine Berufskrankheit des Beraters, Wahrheiten in Floskeln zu verpacken. Probleme sind für Consultants »Challenges«,

Defizite werden zum »Entwicklungspotenzial«.
In diesem Buch ist für solche Worthülsen kein Platz. Hier wird Klartext geredet. Weil Berater gern alles sortieren, was sich irgendwie in eine Ordnung bringen lässt, mache ich das hier auch: In diesem Buch geht es darum, ob

1. der Beruf der richtige für dich ist,
2. bei welcher Beratung du am besten aufgehoben bist,
3. wie du die perfekte Bewerbung schreibst und
4. wie du die Einstellungstests meisterst.

Und am besten merkst du dir schon mal Folgendes:

CLIENT first,

FIRM second,

SELF third.

Inhalt

1 WORK HARD, PLAY HARD
Unternehmensberatung – ist das was für mich?

Berater darf sich jeder nennen **10**
Folienklaven und Firmenretter **14**
Up or Out, Grow or Go **26**
Sieben Schritte bis zum Partner **32**

2 VIELE WEGE FÜHREN ANS ZIEL
Welche Beratung passt zu mir?

Die Elitären **42**
Die Kleinen **50**
Die Riesen **58**
Die Insider **68**

3 TOP ODER FLOP
Consultingfirmen im Vergleich

High Performance für alle! **84**
Je größer, desto mehr €€€ **94**

4 JETZT ODER NIE
Der richtige Zeitpunkt für den Einstieg

Nach dem Bachelor **102**
Nach dem Master **110**
Nach der Promotion **118**
Es geht auch ohne BWL **124**

Inhalt 5

UND AB DAFÜR
Die ideale Bewerbung

Das Anschreiben **138**
Der Lebenslauf **142**

ALLES ODER NICHTS
So gelingt der Einstellungstest

Das persönliche Interview **164**
Die Fallstudie **168**

AUFWÄRTS IMMER, ABWÄRTS NIMMER
Wie der Alltag wirklich aussieht

Eine typische Woche **196**
Allein unter Männern **204**
Worauf wartest du noch? **210**

ÜBER DIE AUTORIN UND DIE EXPERTEN **212**

Work hard, play hard

1

UNTERNEHMENS-BERATUNG – IST DAS WAS FÜR MICH?

Berater darf sich jeder nennen 10

Foliensklaven und Firmenretter 14

Up or Out, Grow or Go 26

Sieben Schritte bis zum Partner 32

EINLEITUNG BERATER MACHEN DEN JOB NIE NUR DES GELDES WEGEN, SCHON KLAR. ABER GANZ EHRLICH: DAS IST ES DOCH, WAS ALS ERSTES INTERESSIERT, ODER?
DASS CONSULTANTS ÜBERDURCHSCHNITTLICH GUT VERDIENEN STEHT ALSO FEST. DOCH WAS HEISST DAS? REDEN WIR MAL ÜBERS GELD.

Work hard, play hard

Der Bundesverband Deutscher Unternehmensberater (BDU) nennt als Jahreseinstiegsgehalt für junge Akademiker eine Summe zwischen 38 000 und 45 000 Euro brutto. Wer schon einige Jahre Berufserfahrung in einer anderen Branche gesammelt hat, kann bei den großen Strategieberatungen locker ein sechsstelliges Jahresgehalt aushandeln. Damit lässt sich selbst in München ein Penthouse mieten. Aber Unternehmensberater sind ja nie zu Hause, stimmt's?

> **Heute in Hongkong, morgen in Dubai – wer Vielflieger sucht, findet sie in der Branche.**

Man findet aber auch Berater, die in Teilzeit arbeiten, die noch nie auf Dienstreise waren oder gerade ein Sabbatical auf einem Bauernhof machen. Unternehmensberater zu sein kann bedeuten, für die internationale Beratungsfirma McKinsey um die Welt zu jetten, kann aber auch heißen, bei einer großen Bank im Inhouse-Consulting angestellt zu sein und jeden Tag in dasselbe Büro zu marschieren.

Berater darf sich jeder nennen

Die Berufsbezeichnung Unternehmensberater ist gesetzlich nicht geschützt. Jeder, der ein Unternehmen berät oder auch nur meint, es zu beraten, darf sich Unternehmensberater nennen.

Laut Zählung des BDU bieten in Deutschland rund 15 300 Beratungsgesellschaften ihre Dienste an. Dominiert wird der Markt im Wesentlichen von 150 großen Firmen: Sie setzen jeweils mehr als 45 Millionen Euro im Jahr um - und beschäftigen rund 31 000 Berater. Die Einstiegschancen bei diesen Branchenriesen stehen gut: Im Schnitt ist dort jeder dritte Mitarbeiter ein Junior-Berater. Schaut man sich den Gesamtmarkt an, wird aber schnell klar, dass die Beraterwelt nicht nur aus McKinsey und Co. besteht: Insgesamt gibt es in Deutschland rund 95 000 Consultants. Das heißt: Zwei Drittel aller Berater verdienen ihren Lebensunterhalt ohne Gehaltscheck der Branchenriesen.

HAUPTSACHE GUTE NOTEN

Eine klassische Ausbildung zum Consultant gibt es nicht. Einen Master of Business Administration in Management Consulting vorweisen zu können mag sich gut anhören, doch entscheidender als das Studienfach ist die sehr gute Studienabschlussnote - und das Abschneiden im Assessment-Center (was bei Beratungen freilich nicht »Assessment-Center« heißt, denn der Begriff klingt zu sehr nach Stress, Druck und Hetze). Beim »Auswahltag«, wie die Veranstaltung also stattdessen so schön ge-

> ◆ *Beratersprech = Der mit Anglizismen gespickte Jargon, der in der Welt der Berater genutzt wird.*

nannt wird, können durchaus Exoten (Beratersprech ◆ für die, die etwas anderes als Wirtschaftswissenschaften studiert haben) einen Betriebswirtschaftler abhängen. Allerdings gilt auch: Ganz ohne betriebswirtschaftliches Know-how wird das nichts mit der Beraterkarriere. Zu exotisch darf es in der Branche dann eben doch nicht sein.

WO VIELE KOMMEN, MÜSSEN AUCH VIELE GEHEN

Auch Firmen mit Millionenumsatz können nicht unendlich wachsen. Wo viele eingestellt werden, müssen auch viele gehen - und zwar am ehesten die Underperformer.◆ Wer eine Karriere bei McKinsey und Co. plant, sollte sich deshalb darauf gefasst machen, dass der Einstellungstest nicht der letzte Test bleiben wird. Nach jedem Projekt gibt es detailliertes Feedback, werden Fragebögen verteilt und Weiterbildungsseminare vergeben. Es gilt das Prinzip »Hart aber fair«. Nur wer sich bewährt, darf weiter die Karriereleiter erklimmen.

> ◆ *Underperformer = Beratersprech für Menschen, die nicht die gewünschte Leistung bringen.*

Klassischerweise verläuft der Karriereweg vom Junior-Berater über den Senior-Berater bis hin zum Partner. Wie viele Hierarchiestufen es gibt, welche Jobtitel man trägt und wie lange man sich bewähren muss, um die nächste Stufe zu erklimmen, ist von Firma zu Firma unterschiedlich. Doch eines haben sie alle gemeinsam: Stillstand gibt es nicht. Wer einmal drin ist, muss nach oben klettern - oder die Firma verlassen. Im Beratersprech nennt man dieses System: Up or Out.

Dass es nur wenige Junior-Berater bis zum Partner schaffen, liegt auch daran, dass sich von Stufe zu Stufe die Aufgaben ändern. Wer ein guter Junior-Berater war, muss noch lange kein guter Senior-Berater sein. Doch auch wer unterwegs aussteigt, bleibt nicht auf der Strecke. Unternehmensberatungen haben ein

Die großen Beratungsfirmen sind aufgebaut wie Pyramiden: Unten passen viele rein, oben wenige.

Interesse daran, in möglichst vielen Firmen und möglichst vielen Branchen ehemalige Mitarbeiter sitzen zu haben. Kontakte sind alles. Deshalb werden Aussteiger bei der Jobsuche nach Kräften unterstützt.

FÜR WEN IST DIESES BUCH GEDACHT?

Anders als etwa Schauspielschüler, deren Karriere nur gelingt, wenn sie zur rechten Zeit am rechten Ort sind, können angehende Berater darauf vertrauen, dass sie eine Chance bekommen und sich beweisen dürfen - wenn sie denn zum Einstellungstest eingeladen worden sind und ihn bestanden haben. Wie man das schafft, und wann man sich die Bewerbung sparen kann, steht in diesem Buch. Es ist für Leute geschrieben, die sich nicht von schönen Slogans und hohlen Phrasen blenden lassen wollen. Hier reden Berater Klartext: Warum haben sie sich für welche Firma entschieden? Was würden sie heute anders machen? Und was sind ihre ganz persönlichen Tipps für die Bewerbung? Der Kern des Beratungsgeschäfts ist es, eine unabhängige Meinung einzuholen, jemanden, der das Geschehen von außen analysiert und die großen Zusammenhänge erkennt. Genau das ist der Anspruch dieses Buches.

Folien-sklaven und Firmen-retter

Wenn Unternehmensberater in eine Firma gerufen werden, ist die Stimmung dort in der Regel schlecht. Der Aktienkurs ist im Keller, die Auftragszahlen brechen ein, die Umsätze stagnieren oder eine Übernahme droht.

Berater werden immer dann gebraucht, wenn eine Aufgabe ansteht, um die sich die Manager der Firma nicht kümmern wollen oder können, etwa weil ihnen das Know-how, die Vision oder manchmal auch die Unterstützung der eigenen Mitarbeiter fehlt. In solchen Fällen übernehmen Berater schon mal die Rolle des Kummerkastens, bei dem sich alle ausheulen. Wenn sie Glück haben, entdecken sie irgendwann in der Schublade eines Mitarbeiters die fertige Lösung, für deren Erarbeitung sie ursprünglich mal gerufen wurden, und können sie stolz dem Vorstand präsentieren. Wenn sie Pech haben, basteln sie in der Firma des Kunden in einem fensterlosen Büro neben dem Abstellraum nächtelang an Excel-Tabellen und PowerPoint-Folien, für die bei der Abschlusspräsentation keine Zeit mehr bleibt und die nie jemand zu Gesicht bekommt. Offiziell sieht die Arbeit natürlich anders aus: Berater, das sind die coolen Jungs und Mädels, die morgens um sechs in der Vielflieger-Lounge ihren Latte Macchiato schlürfen und bis nachts um elf die neue Marktstrategie eines Weltkonzerns erarbeitet haben.

Bei dem Hollywood-Blockbuster *Men in Black* werden alle zufälligen Zeugen des Geschehens mit einer Art Wunderwaffe »geblitzdingst« und verlieren die Erinnerung an die Ereignisse. Ähnlich verhält es sich auch bei Unternehmensberatern: Kaum ist der Arbeitsvertrag unterschrieben, verblasst die Erinnerung daran, was Freizeit, Hobbys und Müßiggang für den Durchschnittsmenschen bedeuten. Zwölfstundentage sind auf einmal Beweis einer wundervollen Work-Life-Balance, einmal im Monat in der Firmenband Schlagzeug zu spielen ist ein intensives Hobby, und das stumpfe Eintragen von Zahlen in Tabellen zeugt von einer steilen Lernkurve. In wachen Momenten heißt es: »Ich mache das ja nur für ein, zwei Jahre.«

Aber was machen sie denn nun eigentlich? Berater ist nicht gleich Berater. Es gibt Managementberater, IT-Berater, Personalberater. Insgesamt 95 150 hat der BDU zum Jahreswechsel 2012/2013 gezählt. Die Zahl der Menschen, die sich selbst als Berater bezeichnen, dürfte noch weit höher liegen, da die Berufsbezeichnung ja nicht geschützt ist. In diesem Buch geht es vor allem um Managementberater. Typische Fragen, mit denen sie sich beschäftigen, sind etwa:

- Wie kann unsere Firma den Abwärtstrend stoppen?
- Wo bieten sich für unsere Firma Wachstumschancen, und wie können wir diese optimal nutzen?
- Ist es sinnvoll, unsere Firma neu auszurichten?
- Wie können wir effizienter arbeiten?

Eine Antwort auf die letzte Frage könnte zum Beispiel sein, neue Systeme zur Zeiterfassung oder Gehaltsabrechnung einzuführen. Hier wären dann IT-Berater gefragt. Vielleicht liegt die Lösung auch darin, das Gehalt fairer zu verteilen, Mitarbeiter zu schulen oder leitungsfähigere Leute einzustellen – eine klassische Aufgabe für Personalberater, die manchmal aber auch von Managementberatern gleich mit übernommen wird.

Unabhängig davon, ob nun das Wörtchen »Management«, »IT« oder »Personal« vor dem »Berater« steht, lässt sich die Arbeit in drei Phasen unterteilen: analysieren, planen, umsetzen. Dieser Dreiklang war vor wenigen Jahren noch nicht selbstverständlich. Managementberater waren diejenigen, die Ideen und Strategien entwickelt haben, und selbst bei großen Projekten

HART

aber

FAIR

nach spätestens zwei Jahren wieder weg waren. Die Umsetzung wurde anderen überlassen, zum Beispiel IT- oder Personalberatern - und oft den Managern oder Inhouse-Consultants der hilfesuchenden Firma selbst. So mancher Lösungsansatz war deshalb schneller vergessen als der Beamer abkühlte. Doch in Zeiten kriselnder Wirtschaft kann sich das keine Firma mehr leisten. Wer will schon Tausende Euro Honorar für einen Packen PowerPoint-Slides bezahlen, mit denen am Ende niemand etwas anzufangen weiß? Die Kunden sind selbstbewusster geworden - wenn schon die teuren Berater ins Haus kommen, sollen sie gefälligst auch Ergebnisse liefern: »Strategy through execution« nennt sich das. Für Managementberater bedeutet das: »Statt Vorstände bei globalen Expansionsplänen zu untestützen, müssen Neulinge immer öfter ins Dickicht von IT-Optimierung und Supply-Chain-Management eintauchen«, wie Eva Buchhorn es in Heft 03/2014 des *manager magazins* so schön formuliert. Für Berater hat dieser Ansatz aber auch seine Vorteile: So können sie bei größeren Projekten, etwa der Integration eines aufgekauften Unternehmens, bis zum Ende mitverdienen.

◆ *Strategy through execution = ob eine Strategie etwas taugt, zeigt sich erst bei der Umsetzung.*

Christoph Warnecke, Vorsitzender des Fachverbands Personalmanagement des BDU, brachte es beim Deutschen Beratertag 2013 auf den Punkt: »Eine Aufgabe des Beraters ist es, der Impulsgeber, Trendsetter, Initiator von neuen Bewegungen zu sein. Aber was hilft es, wenn wir einen neuen Impuls geben, die Unternehmen hoch innovativ sind - und die Mannschaft nicht mitkommt?« Wichtig sei es deshalb, den Innovationsprozess nicht nur zu initiieren, sondern auch zu begleiten. »Wir sind nicht nur die Know-how-Träger, sondern auch die Prozessbegleiter dieses Veränderungsprozesses.«

Für Consultants eigentlich eine gute Nachricht: Was könnte frustrierender sein, als seine sorgfältig erarbeiteten Lösungsvorschläge im Papierkorb verschwinden zu sehen? Andererseits ist die Umsetzung auch der mühsamste Teil des Projekts. Berater werden zwar von vielen Firmenchefs als vermeintliche Heilsbringer empfangen - die Begeisterung überträgt sich aber nur selten auf die Mitarbeiter. Von ihnen werden Berater eher analysieren

P
L
A
N
E
N

umsetzen

als Arbeitsplatzvernichter denn als Retter wahrgenommen. Ein Consultant erzählt gern die Anekdote, wie die Mitarbeiter eines Kunden morgens vor seinen Augen den Kaffee weggeschüttet haben, damit er sich selbst neuen kochen musste. Allein die Arbeitszeiten der Berater empfinden viele als unausgesprochenen Vorwurf. Wie soll man neben Leuten arbeiten, die scheinbar nie Feierabend machen?

Christoph Warnecke sprach auf dem Deutschen Beratertag gar von »Beraterverdrossenheit«. Auch die Strategieberatungen haben das Problem erkannt: Es genügt nicht, eine Lösung auf dem Papier zu präsentieren. Die Berater müssen selbst Hand anlegen. Im besten Fall arbeiten sie Seite an Seite mit den Mitarbeitern und zeigen ihnen direkt vor Ort, wie sich ihre schlauen Ratschläge in der Praxis anwenden lassen. McKinsey hat dafür sogar eigene Übungsfabriken aufgebaut, in denen Vorstände und Mittelmanager zusammen mit Beratern beispielsweise die Fertigung eines Staubsaugers oder den Betrieb einer Bankfiliale simulieren. So sollen alle Parteien spielerisch lernen, wie man zusammen an einem Strang zieht. »Hinter diesen Initiativen verbirgt sich ein schlaues Marketingmanöver«, schrieb Dietmar Student im *manager magazin* 12/2012. »McKinsey verkauft sein Wissen, macht seine Berater produktiver und bindet Kunden enger an sich.«

EIN BERATER KOMMT SELTEN ALLEIN

Sieht man einmal von freiberuflichen Consultants ab, gilt: Beraten ist Teamarbeit. Bei den großen Strategieberatungen wird klassischerweise für jedes Projekt ein Team aus Beratern verschiedener Hierarchiestufen zusammengestellt. Dabei variieren die Jobbezeichnungen: Bei McKinsey heißen Beraterneulinge mit Masterabschluss »Fellows«, bei der Boston Consulting Group (BCG) nennt man sie »Junior Consultants«. Wer bei McKinsey »Associate« ist, hat schon seine erste Beförderung hinter sich, bei Roland Berger ist dies der Titel für Neueinsteiger. Ganz schön verwirrend? Stimmt.

Die gute Nachricht: Außerhalb des Unternehmens interessiert sich niemand für Bezeichnungen. Sie stehen in der Regel noch nicht mal auf den Visitenkarten. Welchen Titel man als Neueinsteiger auch bekommt, es stehen einem erfahrene Kollegen zur Seite. Zumindest theoretisch – in mittelständischen Unternehmensberatungen kann es schon mal passieren, dass Einsteiger direkt von der Uni zum ersten Kundengespräch nach Ungarn geschickt werden – allein. Bei den großen Strategieberatungen wie McKinsey oder BCG wäre das undenkbar. Das heißt aber nicht, dass Berufsanfänger dort keine Verantwortung tragen. Jedes Teammitglied ist für bestimmte Aufgaben zuständig, und auch von ihnen wird erwartet, dass sie diese selbstständig lösen und die Ergebnisse den Kollegen – oder sogar dem Vorstand – präsentieren.

Jedes Teammitglied ist für bestimmte Aufgaben zuständig.

Ein typisches Team besteht aus je einem Partner, Principal, Projektleiter, Analyst und zwei oder drei Consultants oder Associates, wobei Partner eher Strippenzieher im Hintergrund sind und Analysten hauptsächlich bei der Recherche helfen. Letztere gelten als die Nerds der Beraterbranche: Sie sind keine Unternehmensberater im klassischen Sinn, sondern hochgradig spezialisiert und werden in der Regel in einem getrennten Bewerbungsverfahren rekrutiert.

Ablauf

Zu Beginn des Projekts erarbeitet sich das Team einen ersten Überblick. Dabei geht es erst einmal um ganz allgemeine Fragen: Wie ist die wirtschaftliche Situation der Firma, und was will sie eigentlich erreichen? Welche Produkte werfen wie viel Gewinn ab? Wie groß ist der Markt überhaupt, und welche Spielregeln gelten dort? Welche Trends gibt es? Dazu werden nicht nur Manager und Abteilungsleiter der Firma befragt, sondern auch Kunden, Lieferanten und Wettbewerber interviewt.

Eine typische Aufgabe für Associates oder Junior Consultants, also Berater der untersten Hierarchiestufe, ist zum Beispiel die Marktanalyse: Welches potenzielle Volumen steckt im Markt, und wie sieht es in anderen Ländern aus? Welches sind die größten Wettbewerber der Firma, und wie rentabel sind sie? Was wünschen sich die Verbraucher? Welche Trends gibt es? Erster Anlaufpunkt für die Recherche sind interne Datenbanken. Die großen Unternehmensberatungen haben ganze Research-Abteilungen, die bei der Datenbeschaffung helfen oder Kontakte zu Branchenanalysten vermitteln. Beraterneulinge müssen aber auch in Fachzeitschriften stöbern, Mitarbeiter, Kunden oder Lieferanten befragen, im Internet recherchieren – und natürlich PowerPoint-Folien erstellen. Bei der Abschlusspräsentation soll jede Linie und jeder Aufzählungspunkt auf jeder Folie stimmen, nichts darf verrutschen. Wie in jeder Firma gilt: Solch unbeliebte Aufgaben werden gern nach unten delegiert. Wenn du als Berater einsteigst, darfst du dir zum Formatieren nicht zu schade sein.

Regelmäßig finden Teammeetings statt, in denen die einzelnen Ergebnisse präsentiert werden. Der Projektleiter fasst sie zusammen, und gemeinsam werden konkrete Empfehlungen erarbeitet, zum Beispiel: Produkt X und Produkt Y sind unprofitabel: Produkt X sollte aufgegeben, Produkt Y verbessert werden und Produkt Z fehlt noch im Portfolio. Die Firmenleitung bekommt aber keineswegs alles präsentiert, was die Berater erarbeitet haben. Viele Folien landen auch im sogenannten Backup-Stapel – für den Fall, dass Kunden noch nachfragen sollten. Man will ja vorbereitet sein.

Wie lange der Einsatz dauert, kann sehr unterschiedlich sein. Manche Projekte dauern wenige Wochen, andere mehrere Jahre. Üblicherweise arbeiten die Berater solange im Firmengebäude des jeweiligen Kunden, vier Tage pro Woche, von Montag bis Donnerstag. Freitags erledigen sie Papierkram in ihrem Heimatbüro: »Office Friday«◆ heißt dieser Tag im Beratersprech.

◆ Office Friday = wenn man freitags im eigenen Büro arbeitet.

Welchem Büro man als Neueinsteiger zugeordnet wird, entscheidet sich im Einstellungsgespräch. McKinsey legt seinen Beratern sogar Blankoverträge vor, in die sie selbst die Stadt ihrer Wahl eintragen können. Die Entscheidung ist aber beinahe nebensächlich, denn bei den großen Strategieberatungen kann grundsätzlich jeder von jedem Büro aus arbeiten: Laptop einstöpseln und los gehts. Einen festen Schreibtisch hat kaum jemand. Nach Absprache kann deshalb freitags auch von einem anderen Büro als dem eigentlichen Hauptsitz aus gearbeitet werden – oder auch von zu Hause aus.

Die freie Wahl des Arbeitsplatzes klingt ziemlich verlockend. Aber ergibt es eigentlich Sinn, Berater aus dem Münchner Büro jeden Montag nach Berlin zu fliegen und Berater aus dem Berliner Büro jeden Montag nach München? Wohl kaum. Für die Beratungsfirmen geht die Rechnung trotzdem auf: Wer von Montag bis Donnerstag im Hotel wohnt, fragt gar nicht erst nach einem frühen Feierabend. In den seltensten Fällen haben die Kunden ihren Sitz in der Innenstadt – was will man schon abends allein im Industriegebiet von Kleinkleckersheim machen? Also lieber Gas geben und sich auf Donnerstagabend freuen, wenn der Flieger in Richtung Heimatbüro startet. Das ist meist deutlich netter eingerichtet als das bei den Kunden. Für die Consultants muss schließlich erst mal ein freier Raum gefunden werden – in welchem Unternehmen stehen schon hübsche Räume leer? So gut wie jeder Berater hat eine Horrorstory auf Lager, die nachts in einem fensterlosen Abstellraum spielt. Wahlweise ist dort die Klimaanlage oder Heizung ausgefallen oder lässt sich nicht abstellen. In der Regel stürzt in dieser Geschichte der Computer ab.

Wurde ein Projekt erfolgreich abgeschlossen, werden die Karten für die Berater neu gemischt. Für jeden Einsatz werden neue Teams zusammengestellt. Das hat Vor- und Nachteile, je nach Betrachtungsweise: Jahrelang mit denselben Kollegen zusammenzuarbeiten und jeden Morgen im Büro dieselben Gesichter zu sehen, empfinden manche als Bereicherung, andere als Qual.

Üblicherweise können sich Neueinsteiger nicht direkt aussuchen, bei welchem Projekt sie gerne mitarbeiten möchten. Die Teams werden passend zu den Kundenwünschen zusammengestellt – die Wünsche der Berater kommen erst an zweiter Stelle. Bei den großen Strategieberatungen erwartet man von Berufsanfängern nicht, dass sie schon ein Spezialgebiet haben. Im Gegenteil: Es werden gezielt Generalisten gesucht. In den ersten zwei Jahren wirst du dort als Beraterneuling möglichst viele verschiedene Projekte kennen lernen – erst dann ist eine Spezialisierung erwünscht, zum Beispiel auf eine bestimmte Branche oder ein Fachgebiet. So gibt es Berater, die überwiegend Projekte aus der Automobilbranche oder aus dem Konsumgüterbereich übernehmen. Andere gelten als Spezialisten fürs Marketing und preisen mal Zahnbürsten an, mal Autos oder Windkraftanlagen.

Je länger Berater dabei sind, desto weniger haben sie mit der Staffing-Abteilung ♦ zu tun. Wer an welchem Projekt mitarbeitet, ergibt sich häufig aus früherer Zusammenarbeit oder persönlichen Gesprächen. Es zahlt sich also – auch für dich als Einsteiger – aus, einzelne Projektleiter gezielt anzusprechen und Interesse an der Mitarbeit im Team zu signalisieren. Networking gehört zum Berateralltag!

♦ Staffing-Abteilung = sie stellen die Berater-Teams zusammen, so wie ein Trainer eine Fußballmannschaft.

BULLSHIT-BINGO

Bei welchem Recruiting-Event wirst du mit den meisten Worthülsen begrüßt? Mache den Test mit dem Beratersprech-Bullshit-Bingo! Und so gehts: Hake jedes Schlagwort ab, das du hörst – und wenn du eine Reihe voll hast: Bingo!

Areas of improvement	Key asset	Whatever	High-performer	Big picture
Entwicklungs-potenzial	Leave of absence	Die richtige Einstellung	Lernkurve	Absolut casual
Steile Lernkurve	Werthaltig	Zeit-Range	Value-Based	Ergebnisoffen
Mindset	Short assignment	Echte Wertschaffung	Show me the numbers	Fair-Value
Cross offer	Sehr gute Work-Life-Balance	Challenge	Communications gap	Topline

Up or Out, Grow or Go

Ob in einer Bank, einer Autowerkstatt oder einem Supermarkt – überall muss man bestimmte Leistungen erbringen, um den Job zu behalten oder in der Hierarchie nach oben zu klettern. Doch in keiner anderen Branche wird das Bewertungssystem der Mitarbeiter so prominent nach außen getragen wie bei Unternehmensberatungen.

Work hard, play hard

Seht her, wie hart wir drauf sind. Bei uns arbeiten nur die Allerbesten! Das ist die Botschaft der Branche. Wer keine Leistung bringt, muss gehen. Wer hart arbeitet, kriegt alles – und zwar in kürzester Zeit. Die Firma als elitärer Club, das Arbeitsleben als ständiger Wettbewerb mit immer neuen Mitspielern und einem Leben im Luxus als Hauptgewinn. Wer würde da nicht ein Spiel wagen wollen?

In den großen Beratungsunternehmen gibt es in der Regel sechs bis sieben Karrierestufen mit jeweils eigenen Titeln und Anforderungsprofilen, die innerhalb der Firmen weltweit einheitlich gelten. Festgelegt ist auch, mehr oder weniger strikt, wie lange jemand auf einer Karrierestufe verweilen muss beziehungsweise darf: in der Regel zwischen eineinhalb und drei Jahren. Ist die Zeit um, gibt es nur zwei Möglichkeiten: aufsteigen oder gehen. Up or Out, Grow or Go heißt das Motto. Wer versagt, fliegt raus.

Was brutal klingt, hat einen großen Vorteil: Niemand muss ewig auf den Aufstieg warten. Während Jungmanager bei Konzernen gerne mal vertröstet werden, weil alle spannenden Posten schon vergeben sind, ist ihren Kollegen bei der Unternehmensberatung die Beförderung sicher, wenn sie denn die gewünschte Leistung erbracht haben. Sind neun Associates fit für die nächste Stufe, steigen auch alle neun zum Projektleiter auf und müssen nicht darauf warten, dass irgendwann eine passende Stelle frei wird.

Der Aufstieg geht dementsprechend schnell: In nur sechs Jahren kann man es zum Beispiel bei McKinsey oder der Boston Consulting Group vom Einsteiger ohne Berufserfahrung bis in die Chefetage schaffen, bei Roland Berger sind es acht bis zehn Jahre. Bei hervorragenden Leistungen, versteht sich. Ob die Leistung hervorragend ist, wird ständig kontrolliert. Die Projektleiter füllen regelmäßig, bei McKinsey zum Beispiel alle drei Monate, für alle Teammitglieder lange Fragebögen aus: War die PowerPoint-Präsentation mitreißend? Wurden alle Aufgaben pünktlich erledigt? Wurden viele eigene Ideen eingebracht, und konnten auch die Kunden davon überzeugt werden?

Niemand muss ewig auf den Aufstieg warten.

Ständig bewertet zu werden mag auf den ersten Blick einschüchternd sein, aber auch das kann man positiv sehen: Als Berater weiß man jederzeit, wo man steht, was die eigenen Stärken und Schwächen sind. Das Wort »Schwächen« gibt es im Berater-Slang natürlich gar nicht. Für Berater gibt es überhaupt keine negativen Wörter. Schwächen hat man daher nicht, sondern Verbesserungspotenziale. Weil das auch irgendwie doof klingt, nennt man sie »areas for improvement«. ◆

◆ Areas for improvement = Verbesserungspotenzial.

Über jeden Berater gibt es eine Akte, in der festgehalten wird, was er oder sie besonders gut oder besonders schlecht gemacht hat und welche »areas« er oder sie gerade »improven« sollte. Steht die Beförderung in die nächste Hierarchiestufe an, wird die entscheidende Frage gestellt: Up or Out? Hierzu tagt mehrmals im Jahr ein Personalkomitee, das über Auf- oder Ausstieg jedes Einzelnen entscheidet.

Doch keine Panik! Auch die leitungsstärksten Firmen können es sich nicht leisten, jeden Fehltritt sofort mit einem Rauswurf zu bestrafen. Neue Berater zu rekrutieren und einzuarbeiten kostet schließlich auch Geld. Also gibt es erst mal Nachhilfe. Wer einen schnarchigen Vortrag gehalten hat, wird in ein Rhetorikseminar geschickt, wer seine Deadlines nicht einhalten

TOUGH

should
be
your

middle
NAME

konnte, bekommt einen Vortrag zum Zeitmanagement spendiert. Dann wird wieder evaluiert. Bei McKinsey verbringen die Partner, also die Hierarchiehöchsten, jedes Jahr fünf bis sechs Tage ausschließlich damit, andere Berater zu bewerten.

Das Marktforschungsinstitut Lünendonk hat die Fluktuationsrate der zehn umsatzstärksten Unternehmensberatungen ermittelt: 18 Prozent. Jedes Jahr heißt es also für einen von fünf Mitarbeitern: raus. Bei kleineren Unternehmensberatungen ist die Fluktuationsrate jedoch deutlich niedriger. Das Up-or-Out-Prinzip können sich viele Mittelständler auch gar nicht leisten: Ständig neue Leute zu rekrutieren ist ein Kraftakt.

Wenn du also auf Kontinuität im Job setzt, solltest du dich eher bei mittelständischen Beratungsfirmen oder im Inhouse-Consulting bewerben. Dort kann man auch zehn Jahre auf einer Hierarchieebene verbringen – oder zumindest auf eine andere Stelle im selben Unternehmen wechseln. Auf einer Karrierestufe verharren zu wollen klingt vielleicht nach einem absurden Wunsch, ist aber – auch in einer Unternehmensberatung – nicht so abwegig, denn jede Stufe hat andere Anforderungen: Mal ist analytisches Denken gefragt, mal sind es Führungsqualitäten. Es kann also durchaus sein, dass du als Associate glänzt und als Projektleiter versagst – oder einfach keinen Spaß mehr an der Arbeit hast. Doch bei den großen Beratungsfirmen gibt es auf der Karriereleiter keinen Weg nach unten – und dann bleibt nur der Ausstieg.

Im Schnitt schaffen es nur zwei von zehn Beratern bis nach ganz oben zum Partner. Die anderen acht werden aber keineswegs als Versager verabschiedet, sondern auf der Suche nach neuen Jobs oder manchmal auch bei der Gründung eines eigenen Unternehmens unterstützt. Verlierer gibt es offiziell nicht. Wer gehen muss, bekommt nicht die Kündigung auf den Schreibtisch geknallt, sondern den Tipp, doch mal einen Blick auf die Stellenbörse im Intranet zu werfen. Dort annoncieren die Klienten: Automobilkonzerne, Banken, Versicherungen. Berater gelten als unkomplizierte und fähige Mitarbeiter, nur im mittleren Management tun sie sich manchmal schwer. Denn ein Team junger und in der Regel hochmotivierter Unternehmensberater zu führen ist eine Sache, ein Team durchschnittlicher Konzernangestellter mit schwankender Motivation eine andere.

Das Alumni-Netzwerk ist das Herzstück jeder Unternehmensberatung, obwohl es schon lange nicht mehr so ist, dass aus ehemaligen Mitarbeitern automatisch zahlungskräftige Kunden werden. Die Zeiten der Vetternwirtschaft sind vorbei. Aber natürlich spielt der Wir-waren-doch-mal-Kollegen-Bonus immer noch eine Rolle; die Chance, einen Auftrag zu kriegen, steigt mit der Zahl der Abteilungsleiter, die man in der jeweiligen Firma unterbringen konnte. Auf ehemalige Berater ist noch in anderer Hinsicht Verlass: Auf die Frage, ob es überhaupt nötig ist, Unternehmensberater kommen zu lassen, werden sie immer mit Ja antworten.

Verlierer gibt es offiziell nicht. Wer gehen muss, wird bei der Suche nach neuen Jobs unterstützt.

Sieben Schritte bis zum Partner

Wer mit einem Bachelorabschluss in eine Unternehmensberatung einsteigt, muss sich in der Regel erst mal mindestens ein Jahr lang als Junior-Berater – oder Junior Fellow (McKinsey), Junior Associate (BCG), Consulting Analyst (Roland Berger) – beweisen.

Wer sich bewährt, klettert nach spätestens zwei Jahren auf die nächste Karrierestufe und trifft dort auf Berufseinsteiger mit Masterabschluss.

Mit einem Master steigt man als Fellow (McKinsey), Associate (BCG) oder Junior Consultant (Roland Berger) ein. Auch diese Phase dauert in der Regel ein bis zwei Jahre und endet bei den großen Strategieberatungen üblicherweise mit der Option, sich für einen Master of Business Administration (MBA) oder eine Promotion ein Jahr lang freistellen zu lassen - bei vollem Gehalt. Be-

◆ *Leave = Auszeit.* rater nennen diese Auszeit »Leave«. ◆

Wer schon einen MBA oder einen Doktortitel vorzuweisen oder schon in einem anderen Beruf gearbeitet hat, steigt noch eine Etage höher ein als die Masterabsolventen - und zwar als Associate (McKinsey) oder Consultant (Roland Berger und BCG). Eine Übersicht der verschiedenen Jobtitel findest du auf S. 36. Auf dieser Stufe steigen auch die Berater wieder ein, die für eine Weiterbildung ein Jahr lang pausiert haben.

Das sind deine Aufgaben als Berufseinsteiger (Junior Fellow bis Associate):
- Kunden, Lieferanten und Wettbewerber interviewen
- Bilanzen, Jahresberichte und Organisationsdiagramme analysieren
- Zahlen, Daten und Fakten über den Markt suchen und analysieren
- Modelle entwickeln, mit denen untersucht werden kann, wo die Schwachstellen der Firma liegen
- Lösungen finden, wie die Schwachstellen beseitigt werden können
- Mitarbeiter schulen
- Ergebnisse der Firmenleitung präsentieren

Weil der Aufstieg von einer Stufe auf die nächste in den ersten Jahren vergleichsweise schnell geht, verzichten viele Unternehmensberatungen darauf, die Jobbezeichnungen auf Visitenkarten zu drucken. Außenstehende können damit ohnehin wenig anfangen – im Dschungel der Titel finden sich selbst Brancheninsider kaum zurecht. Richtig spannend wird es erst mit Erreichen der Hierarchiestufe des Projektleiters. Manche bezeichnen diesen Schritt auch als »Berater-Abitur«. Auf diesem Level ändern sich die Arbeitsaufgaben eines Consultants. Wer hier weitermacht, meint es wirklich ernst mit dem Job.

Wer direkt auf dieser Ebene einsteigen will, sollte schon in einem anderen Job Berufserfahrung gesammelt haben. Hier geht es nämlich nicht mehr nur darum, Aufgaben zu lösen, sondern ein Team zu leiten.

Das sind deine Aufgaben als Projektleiter:
- Schlüsselfragen auf konkrete Aufgaben herunterbrechen und an Teammitglieder verteilen
- Teammeetings organisieren und Ergebnisse zusammenführen
- Kontakt zu Kunden halten

- Darauf achten, dass Zeitpläne und Budgets eingehalten werden
- Die einzelnen Teammitglieder bei ihren Aufgaben unterstützen
- Vorgesetzte auf dem Laufenden halten
- Ergebnisse der Firmenleitung präsentieren

Wer sich als Projektleiter bewährt, ist auf dem besten Weg zum Principal. Je nach Firma gilt es noch eine Zwischenstufe zu bewältigen, bei McKinsey beispielsweise die des Associate Principals, der mehrere Projekte gleichzeitig betreut und sich auch schon um die Nachwuchsbetreuung kümmert.

Das sind deine Aufgaben als Principal:
- Die Bedürfnisse der Kunden ermitteln
- Ein Projektteam zusammenstellen
- Zusammen mit dem Projektleiter den genauen Arbeitsplan erstellen
- Das Team bei Fragen unterstützen
- Die Beziehung zu Kunden pflegen

Die höchste Stufe, die du als Unternehmensberater erreichen kannst, ist die des teilhabenden Partners. Auf dieser Ebene gibt es in der Regel keinen Direkteinstieg, denn zu den Aufgaben eines Partners gehört es, Aufträge an Land zu ziehen und junge Berater auszubilden – und das geht nun mal besser, wenn man weiß, wovon man spricht.

Das sind deine Aufgaben als Partner:
- Aufträge akquirieren
- Kundenbeziehungen pflegen
- Die einzelnen Projektteams coachen

Die Jobbezeichnungen der Top Drei

EINSTIEGSZEITPUNKT	MCKINSEY	BCG	BAIN
während des Studiums	Fellow Intern	Visiting Associate	Praktikant
mit Bachelorabschluss	Junior Fellow	Junior Associate	Associate Consultant Stufe 1
			Associate Consultant Stufe 2
mit Diplom/ Master	Fellow	Associate	Associate Consultant Stufe 3
			Senior Associate Consultant
mit Promotion/ MBA/ Berufserfahrung	Associate	Junior Consultant	Consultant
		Consultant	
mit Berufserfahrung	Projektleiter	Project Leader	Case Team Leader
	Associate Principal	Principal	
	Principal		Manager
	Director	Partner	Partner

36 **Consulting Cookbook**

FAZIT Unternehmensberater, das klingt irgendwie gut. Aber was genau machen die da eigentlich den ganzen Tag? Das weißt du jetzt: Welche Aufgaben typischerweise auf Berufsanfänger zukommen, nach welchen Kriterien Beraterteams zusammengestellt werden und wie sich die Arbeit im Consulting in den letzten Jahren verändert hat. Du weißt, was sich hinter dem Slogan »Up or Out« verbirgt und warum auf vielen Visitenkarten keine Titel stehen.

Viele **Wege** führen ans **Ziel**

WELCHE BERATUNG PASST ZU MIR?

Die Elitären 42
Die Kleinen 50
Die Riesen 58
Die Insider 68

EINLEITUNG DEINE BERUFSENTSCHEIDUNG IST GEFALLEN, UNTERNEHMENSBERATER SOLL ES SEIN? DANN GEHT ES JETZT ERST RICHTIG LOS. LAUT DEM BUNDESVERBAND DEUTSCHER UNTERNEHMENSBERATER GIBT ES IN DEUTSCHLAND 15300 BERATUNGSGESELLSCHAFTEN. BEI DER HÄLFTE HANDELT ES SICH UM EINZELBERATER ODER KLEINERE FIRMEN – BLEIBEN ALSO NOCH RUND 7500 UNTERNEHMEN, BEI DENEN BERUFSEINSTEIGER AUF EINE FESTANSTELLUNG HOFFEN DÜRFEN.

Die großen Beratungsunternehmen mit mehr als 45 Millionen Euro Umsatz bieten die meisten Arbeitsplätze für Neueinsteiger. Bei diesen Firmen war 2013 jeder dritte Berater ein Berufsanfänger, und es wird laufend Nachwuchs gesucht. Aber auch die mittelgroßen Unternehmensberatungen sind als Arbeitgeber für dich als Beraterneuling interessant: In der Größenklasse bis zu zehn Millionen Euro Jahresumsatz will aktuell jede zweite Beratungsfirma Berufsanfänger einstellen. Die durchschnittliche Wachstumserwartung für Consultingunternehmen ist in den Größenklassen 15 bis 45 Millionen Euro sowie eine bis 2,5 Millionen Euro Umsatz pro Jahr mit jeweils sieben Prozent besonders hoch. Jörg Hossenfelder von der Marktforschungsfirma Lünendonk ist sich sicher, dass die Nachfrage nach Beratungsleistungen weiter wachsen wird. Seine Prognose: »Von der steigenden Nachfrage werden sowohl Inhouse-Consulting als auch mittelständische Beratungshäuser profitieren.«

Generell gibt es für Einsteiger in der Consultingbranche vier Optionen: die klassischen Topberatungen wie McKinsey oder BCG, mittelständische Unternehmensberatungen, Wirtschaftsprüfungsgesellschaften und Inhouse-Beratungen. Welcher Weg ist für dich der Richtige? Darum geht es in diesem Kapitel.

Die Elitären

Die Top Drei – an diesen Firmen geht im Beratungsgeschäft kein Weg vorbei: McKinsey, Boston Consulting Group und Bain & Company. Sie brüsten sich damit, Jobs nur an Menschen zu vergeben, die zu den besten zehn bis 15 Prozent ihres Jahrgangs gehören – »Akademische Exzellenz« heißt das Schlagwort.

Hervorragende Abschlussnoten, ehrenamtliches Engagement, Auslandsaufenthalte und Praktika werden vorausgesetzt. So bitter es ist: Wer das nicht zu bieten hat, kann sich die Bewerbung sparen.
Seine Chancen kann sich jeder selbst ausrechnen: McKinsey und BCG stellen jedes Jahr rund 200 neue Berater ein, Bain rund 100. Allein McKinsey bekommt 10 000 Bewerbungen im Jahr. Das heißt: Nur jeder 50. Bewerber bekommt eine Zusage. Tatsächlich ist die Quote noch geringer, denn bei McKinsey bewerben sich jedes Jahr auch noch 5 000 junge Männer und Frauen für Praktika – und herausragende Praktikanten bekommen ohne neue Bewerbung einen Job angeboten. Von den 200 Plätzen gehen also einige direkt an ehemalige Praktikanten und fallen deshalb aus der Bewerber-Statistik heraus. Bei BCG, Bain oder auch Roland Berger gelten dieselben Regeln.

Nur jeder 50. Bewerber bekommt eine Zusage.

Wer es schafft, einen der begehrten Jobs in einer Topberatung zu ergattern, wird dort klassischerweise zum Generalisten ausgebildet. Consultants der großen Managementberatungen kümmern sich heute um die Herstellung elektrischer Zahnbürsten in China, morgen um den Vertrieb von Versicherungen in München und übermorgen ums Marketing eines Automobilkonzerns in Indien. Irgendwann spezialisieren sie sich auf ihr Lieblingsthema – oder verlassen die Firma. In diesem Fall gibt es wieder zwei Optionen: Die Ex-Berater übernehmen einen Managerposten in einem Konzern oder sie gründen ihr eigenes Unternehmen.

Das Alumni-Netzwerk von McKinsey ist legendär, es reicht quer durch die gesamte Weltwirtschaft. 7 000 Ex-»Meckies« in höchsten Führungspositionen und 200 als Chefs von Firmen, die mehr als eine Milliarde Dollar im Jahr umsetzen, zählte 2012 das *manager magazin* und schrieb dazu: »In den Vorständen internationaler Konzerne, auf Ministerposten, in Kulturorganisationen, Stiftungen und auch in Internetfirmen (...): Die Jünger McKinseys sind überall.« Das heißt aber nicht, dass BCG oder Bain keine attraktiven Alumni-Netzwerke hätten. Auch sie versuchen, ehemalige Mitarbeiter in Schlüsselpositionen unterzubringen. Und natürlich gibt es auch erfolgreiche Selbstständige, die einmal für McKinsey gearbeitet haben.

Die Top-Managementberatungen scheinen also als Arbeitgeber ziemlich austauschbar zu sein. Was Gehalt, Dienstwagen und sonstige Annehmlichkeiten angeht, sind sie das auch. In einer Gruppe von Beratern »Meckies« oder »Bainies« zu erkennen, würde kaum gelingen. Die Unterschiede zwischen zwei Kollegen bei McKinsey können deutlich größer sein als zwischen zwei Beratern, von denen einer für McKinsey arbeitet und einer für Bain. Was also tun, um die Unterschiede herauszuarbeiten? Als Consultant beginnt man in einem solchen Fall typischerweise mit einer Faktensammlung. Leider lässt sich der größte Unterschied zwischen den drei Topberatungen kaum an Zahlen oder Fakten festmachen: Es ist das Image. Wenn man Berater von McKinsey, BCG und Bain fragt, warum sie sich für diese und nicht für eine der anderen beiden Firmen entschieden haben, hört man immer wieder dieselben Aussagen: Berater von BCG sehen sich als die Freigeister der Branche, McKinsey ist ihnen zu hierarchisch, Bain zu zahlenlastig. Die Berater von Bain antworten ähnlich, nur mit vertauschten Rollen: Sie sehen sich als die wahren Freigeister. Berater von McKinsey sagen, sie wollen eben mit den Besten arbeiten.

Das alles sind Mutmaßungen, spontane Eindrücke, eine gefühlte Wahrheit, nichts, was sich belegen ließe. Aber weil auch

Die Top Drei im Überblick

	MCKINSEY	BCG	BAIN
Weltweite Beratungsumsätze in Milliarden Euro	5,3	3	1,6
Mitarbeiter weltweit	19000	9700	5700
Mitarbeiter in Deutschland	1300 (nur Berater)	1500 (D + Österreich, Berater und andere Mitarbeiter)	600 (Berater und andere Mitarbeiter)
Büros in Deutschland	7 (München, Düsseldorf, Frankfurt, Hamburg, Stuttgart, Berlin, Köln)	7 (München, Düsseldorf, Frankfurt, Hamburg, Stuttgart, Berlin, Köln)	3 (München, Düsseldorf, Frankfurt)
In der Schweiz	2	2	1
In Österreich	1	1	-
Vertreten in Ländern	50	45	32
Einsteiger mit Bachelor	8 Prozent	ca. 10 Prozent	5-10 Prozent
Mit Master	39 Prozent	46 Prozent	70 Prozent
Mit Promotion/ MBA	24 Prozent	26 Prozent	10-15 Prozent
Mit Berufserfahrung	25	6 Prozent	10-15 Prozent
Karrierestufen vom Junior Berater bis zum Partner	7	7	8

jedem Klischee ein Fünkchen Wahrheit anhaftet, hier die drei Prototypen im Überblick. Ähnlichkeiten mit lebenden Personen sind rein zufällig und unbeabsichtigt:

▸ Der typische McKinsey-Berater ist ein knallharter Geschäftemacher. Ohne Anzug und geputzte Lederschuhe verlässt er nicht sein Townhouse. Bei der Arbeit wählt er stets den direkten Weg zum Erfolg und geht keine Kompromisse ein, auch nicht mit den Kollegen. Ob er dafür gehasst wird, ist ihm egal. Mit lästigem Kleinkram wie PowerPoint-Slides hält er sich nicht auf. Die malt er abends auf ein Blatt Papier und lässt sie über Nacht von einem Mitarbeiter in Indien in eine schicke Folie verwandeln.
▸ Der typische BCG-Berater kommt mit Poloshirt und Jeans daher. Er ist clever, liebt Bücher über alles und erinnert sich gerne an sein Politikstudium in Harvard zurück. An sich ist er ein freundlicher, fairer und fähiger Zeitgenosse, nur seine Besserwisserei kann einem schnell auf die Nerven gehen.
▸ Der typische Bain-Berater wollte ursprünglich mal Rechtsanwalt werden, hat dann aber schnell festgestellt, dass Paragrafen ziemlich langweilig sind. Das Studium hat er trotzdem durchgezogen, aufgeben kommt für ihn nicht in Frage. Die Karriere als Berater war sein Plan B. Hier will er möglichst schnell möglichst viel lernen, um sich dann mit einem Vertriebsnetz für fair produzierte Tomaten selbständig zu machen. Slides in Indien basteln zu lassen, käme ihm nie in den Sinn. Er will schließlich das Handwerk von der Pike auf lernen.

Vermutlich wird dir keiner der drei Typen jemals begegnen – am Besten ist ohnehin, sich ein eigenes Bild zu machen: Die Topberatungen laden regelmäßig zu Recruiting-Events ein und sind auf Karrieremessen vertreten. Einen weiteren wichtigen

Anhaltspunkt bieten außerdem Rankings: Sie verraten, welche Firmen in welchen Branchen die Nase vorn haben und für ihre Kunden die besten Ergebnisse erzielen. Ein Überblick über die wichtigsten Bestenlisten folgt im Kapitel 3 - Top oder Flop.

TIPP: Mache bei Recruiting-Events den imaginären Bier-Test: Hättest du Lust, jetzt gleich mit diesen Leuten in der nächsten Kneipe ein Bier zu trinken? Wenn du dir das so gar nicht vorstellen kannst, solltest du dir das mit der Bewerbung noch einmal überlegen.

ZWISCHENRUF
»DIE BESTEN EINSTIEGSCHANCEN?«

»Ein absolut geradliniger Werdegang bringt dich in jede Unternehmensberatung.«, weiß Henrik Zaborowski.

»Falls du dich fragst, wie du am besten bei namhaften Beratungsunternehmen reinkommst: Es ist sehr, sehr einfach! Du musst nur jeden Abschluss (Abi, Bachelor, Master, eventuell Promotion) mit 1,x machen, definitiv in der Beratungsbranche und bei namhaften Konzernen Praktika absolvieren und für längere Zeit im Ausland gewesen sein. Das Ganze selbstverständlich in der Regelzeit - oder kürzer. Ehrenamtliches Engagement? Ja, gerne, schadet nicht. Spitzensportler? Wunderbar! Nützt dir aber auch nichts, wenn du die ersten Punkte nicht mitbringst. Persönlichkeit? Ich bitte dich, überschätze dich nicht. Du sollst analytische Fähigkeiten und einen absoluten Arbeitswillen mitbringen - keine Persönlichkeit. Die interessiert nicht, allen Lippenbekenntnissen zum Trotz. Falls du jetzt denkst: Der Zaborowski hat ja keine Ahnung, die Zeiten haben sich geändert …

Naja, gestatte mir ein Schmunzeln. Lass es mich so formulieren: Je renommierter eine Beratung, je beliebter und gefragter bei den Absolventen, umso krasser die Anforderungen. Warum? Neben vielen anderen ist der Hauptgrund, dass die Unternehmen es sich leisten können, weil sie in Bewerbungen von Top-Absolventen ertrinken. Irgendwie müssen Recruiter ja filtern – dann halt über die harten Fakten. Das ist die anerkannte Methode und beschränkt das Risiko, doch mal >daneben zu greifen<.

Selbst bei völlig unbekannten Beratungen kannst du auf dieses >Problem< treffen. Die sind nämlich oft von ehemaligen Beratern von Top-Strategieberatungen gegründet worden, und die Gründer pflegen immer noch die gleiche Denkart, auch wenn sie nicht massenhaft Bewerbungen bekommen. Nimm mal als Faustregel: Je >handfester< und bodenständiger eine Beratung agiert, umso größer ist die Wahrscheinlichkeit, auch ohne die Erfüllung der oben genannten Kriterien eine Chance zu haben.

Mein absolutes Negativbeispiel: Ich hatte einen Bewerber für die Inhouse-Beratung eines bekannten Technologiekonzerns. Dieser Bewerber promovierte gerade bei einem Automobilhersteller zu einem innovativen IT-Thema, das aufgrund seiner Bedeutung unter Beobachtung des Vorstands stand. Ein Selbstläufer, sollte man meinen. Naja, der gute Mann hatte eine bewegte Vergangenheit. Er hatte mit 16 Jahren das Gymnasium geschmissen und stattdessen eine Ausbildung (ich glaube es war Kfz-Mechaniker) gemacht. Als er merkte, dass er doch das Zeug >für mehr< hat, holte er in der Abendschule sein Abi nach. Anschließend studierte er an einer Fachhochschule und fand dann einen Professor an einer Uni, bei dem er promovieren konnte. Eine Persönlichkeit, oder?

Der Mann hat doch echt was geschafft. Von ›ganz unten‹ nach ›ganz oben‹. Ein Traum.
Was soll ich sagen … Er wurde abgelehnt. Begründung: Er wusste mit 16 Jahren noch nicht, was er machen will. Sprich: Ihm fehlte die Zielorientierung und Zielstrebigkeit. Ein Witz, oder? Er wurde nicht mal eingeladen. Okay, dieser Fall ist ein paar Jahre her. Und vielleicht hatte diese Beratung einfach Einstellungsstopp und wollte es nur nicht sagen (kommt immer wieder vor). Aber es war für mich ein Augenöffner, wie stumpfsinnig in dieser Branche oft rekrutiert wird. Ich erlebe auch heute noch ähnliche Beispiele. Wenn vielleicht auch nicht so extrem.«

Die Kleinen

Klein, aber fein – dieser Spruch gilt bei mittelständischen Unternehmensberatungen tatsächlich. Ihnen gehört die Zukunft. Hier findet man in der Regel keine Generalisten, sondern Spezialisten.

Viele Wege führen ans Ziel

Sie haben wertvolles Nischenwissen und sind deshalb oft im Einzelfall ihren Kollegen aus den großen Beratungshäusern überlegen. Berufsanfänger dürfen - und sollen - oft vom ersten Tag an Verantwortung übernehmen. Anders als bei McKinsey, BCG und Bain können sie sich nicht hinter einem bekannten Namen verstecken. Das Grundvertrauen in die Marke der Beratungsfirma, nach dem Motto »Na, wenn der für McKinsey arbeitet, wird er schon wissen, was er tut ...«, ist bei den Klienten, die oft selbst aus dem Mittelstand kommen, meist wenig ausgeprägt. Sie suchen jemanden, der sich mit ihrem Geschäft und ihrer Branche auskennt. Für welche Firma dieser Mensch arbeitet, ist ihnen erst mal egal.

Für Berater hat das einen entscheidenden Vorteil: Sind die Klienten zufrieden, schreiben sie das eher dem Berater selbst zu als dessen Arbeitgeber. Beim nächsten Mal möchten sie wieder von diesem netten Herrn oder der netten Dame beraten werden. Ob er oder sie dann für eine andere Firma arbeitet, ist ihnen egal. Mittelständische Berater sind deshalb weniger austauschbar als »Meckies« - und haben im Zweifelsfall bessere Verhandlungschancen bei der nächsten Gehaltsrunde. Welcher Chef will schon das Risiko eingehen, mit einem Mitarbeiter gleich mehrere Kunden zu verlieren?

Auch kleinere Beratungsfirmen haben aufwändige Auswahlverfahren, aber hier zählt in der Regel das Gesamtpaket mehr als ein Abschlusszeugnis. Bei Bewerbern wird darauf geachtet, dass sie möglichst gut ins Team passen und Lust haben, sich auf ein Themengebiet zu spezialisieren. Die meisten Mittelständler sind selbst Spezialisten für bestimmte Branchen oder Prozesse, das macht die Wahl für Berufseinsteiger leichter: Man weiß, wohin die Reise geht. Andererseits haben es Quereinsteiger hier deutlich schwerer: Bei den Topberatungen haben auch Germanisten oder Philosophen eine Chance auf einen Job, wenn sie denn in ihrem Fach hervorragende Noten vorweisen können. Das betriebswirtschaftliche Know-how bekommt man in unzähligen Weiterbildungskursen und on the job ♦ beigebracht. Kleinere Beratungsfirmen können sich das nicht leisten. Wenn du dort arbeiten willst, solltest du so fit sein, dass du direkt loslegen kannst.

Mittelständische Berater sind weniger austauschbar als »Meckies«.

♦ on the job = während der Arbeit

Das Gehalt der Mittelständler kann mit den Spitzengehältern der Topberatungen in der Regel nicht mithalten. Auch das Weiterbildungsprogramm ist deutlich abgespeckter. Dafür ist die Work-Life-Balance der mittelständischen Consultants besser, zumindest ein bisschen. Zwar gibt es auch hier die für Berater typische 80-Stunden-Woche und Dienstreisen quer durch alle Zeitzonen, aber vom Leistungskult der Topberatungen sind die meisten Mittelständler dann doch noch weit entfernt.

ERFAHRUNGSBERICHT

»FLACHE HIERARCHIEN FINDE ICH DEUTLICH SYMPATHISCHER«

Thomas Lang, 29, ist Wirtschaftsingenieur und seit März 2012 Berater bei goetzpartners.

»Ich habe schon während meines Studiums an der TU Darmstadt in einer studentischen Unternehmensberatung gearbeitet. Als Wirtschaftsingeni-

eur war das nicht unbedingt naheliegend, aber mich hat vor allem die Projektarbeit gereizt. Sich in kurzer Zeit in immer wieder neue Themen einzuarbeiten, das macht für mich noch immer den Reiz des Berufs aus. Wir waren ein sehr gemischtes Team aus Studenten aller Fachrichtungen und haben Aufträge von allen möglichen Unternehmen bekommen, von Konzernen wie Lufthansa und Daimler Chrysler über mittelständische Firmen bis zum kleinen Hotel an der Ecke. In dieser Zeit habe ich unheimlich viel gelernt und auch schon Geld mit Beratung verdient. Die Tagessätze studentischer Beratungen sind natürlich deutlich niedriger als die von ausgebildeten Beratern, aber es ersetzt häufig den üblichen Studentenjob.
Damals war es mein Ziel, einmal bei einer großen Strategieberatung wie BCG oder McKinsey Karriere zu machen. Das wünscht sich am Anfang wohl fast jeder studentische Berater. Zu Beginn kennt man ja häufig auch nur die großen Namen. Aber passt das zu mir? Da war ich mir nach dem Studium nicht so sicher. Ich bin nicht der Typ, der ohne nachzudenken einfach macht, was ihm gesagt wird. Flache Hierarchien und Vorgesetzte, mit denen man auf Augenhöhe diskutieren kann, finde ich deutlich sympathischer. Auf den Karriereseiten behaupten alle von sich, dass die Consultants abends zusammen ein Bier trinken gehen und sowieso alles ganz toll ist. Recruiting-Events schienen mir eine gute Möglichkeit, herauszufinden, wie es wirklich ist. Klar, die Firmen präsentieren sich von ihrer besten Seite, aber man kriegt zumindest ein Gefühl dafür, ob man dort hineinpassen könnte.
Auf goetzpartners bin ich durch eine Marktübersicht von Beratungen in der Fachzeitschrift *Energie & Management* aufmerksam geworden. Ich

habe mich im Studium auf Energietechnik spezialisiert, deshalb schien mir die Kombination aus Beratung und Energiewirtschaft interessant. Darüber hinaus hat mich bei goetzpartners die Verbindung von Corporate Finance und Management Consulting gereizt. Auf meine Bewerbung wurde ich dann zu einem Recruiting-Event nach Garmisch-Partenkirchen eingeladen. Am ersten Tag stand zunächst eine Schneeschuhwanderung auf dem Programm. Auf der Hütte wurden wir in Gruppen eingeteilt und sollten im Team einen Case lösen. Bei der Präsentation wurden wir von den Beratern ganz schön unter Druck gesetzt, immer wieder kamen kritische Fragen. Trotzdem lief es für meine Gruppe ganz gut. Am Ende saß ich bis um drei Uhr nachts mit einem Partner von goetzpartners zusammen und habe mit ihm über aktuelle Energiethemen diskutiert. Am nächsten Tag haben wir in Gruppen unter Anleitung von Bergführern Iglus gebaut und wurden nacheinander zu Einzelinterviews gerufen. Diese Vorstellungsgespräche hatte man also in Freizeitklamotten und Hüttenschuhen. Von den rund 25 Leuten, die bei dem Event dabei waren, haben vier ein Jobangebot bekommen – noch auf der Hütte. Einer davon war ich. Da ich auch Angebote von großen Beratungsfirmen hatte, habe ich mir die Entscheidung nicht leicht gemacht. Die Unterschiede beim Gehalt waren marginal, wichtiger als 200 Euro mehr oder weniger war mir aber ohnehin der Personal Fit. ◆

◆ Personal Fit = Firma und Bewerber teilen dieselben Werte.

Mittelständische Beratungsfirmen sind deutlich unternehmerischer. Ich kann mein Arbeitsumfeld mitgestalten und viel bewegen – genau das hatte ich mir erhofft. Wenn ich einen Verbesserungsvorschlag habe, wird dieser angehört und unterstützt. Schon bei meinem ersten Projekt habe ich direkt mit einem Managing Director zusammengearbeitet. In welcher großen Beratung wäre mir das so gelungen? Auch bei uns gibt es die für Berater typische Rollenverteilung, und die Leistung wird regelmäßig bewertet, aber es gibt keine starre Hierarchie, die mit Ellenbogen verteidigt wird. Bei den großen Managementberatungskonzernen verbringen Berufsanfänger oft die ersten eineinhalb Jahre fast ausschließlich mit PowerPoint und Excel. Ich konnte schon nach wenigen Monaten mein erstes Teilprojekt leiten. Dabei bearbeite ich bei goetzpartners keineswegs nur Energiethemen oder bin ausschließlich in Deutschland unterwegs. Wie bei großen Strategieberatungen bin ich von Montag bis Donnerstag unterwegs, oft im Ausland. Es gab schon Wochen, da habe ich jede Nacht an einem neuen Ort geschlafen. Was es bei uns allerdings nicht gibt: dass einem jemand nur deshalb Arbeit auflädt, um zu testen, ob man durchhält. Wenn die Arbeit getan ist, kann man ruhigen Gewissens auch mit Kollegen zum Sport gehen, gemeinsam zu Abend essen oder ein Buch lesen. Man muss bei uns niemandem beweisen, wie hart man drauf ist.

DIESE FALLSTUDIE MUSSTE ICH LÖSEN: Welche Summe müssen die öffentlich-rechtlichen Fernsehsender zahlen, um die nächste Fußballweltmeisterschaft übertragen zu dürfen?

MEIN LÖSUNGSWEG: Ich wusste, dass die Übertragungsrechte der Fußball-WM in einem Bieterverfahren vergeben werden. Also habe ich überlegt, was wohl die konkurrierenden privaten Fernsehsender dafür zu zahlen bereit sind. Wie viele Spiele gibt es? Wie viele Werbeblöcke können eingespielt werden? Und was kostet ein Werbespot? So bin ich am Ende auf eine Summe gekommen. Auf diese habe ich einen Euro addiert – und so hatte ich das Gebot, mit dem die öffentlich-rechtlichen Sender den Zuschlag kriegen würden. An das exakte Ergebnis kann ich mich nicht erinnern, das ist aber auch zweitrangig. Bei einer Fallstudie kommt es im Wesentlichen darauf an, dass Herleitung und Rechnung stimmen und die angenommenen Zahlen nicht völlig utopisch sind.

MEINE TIPPS FÜR DEN AUSWAHLTAG: In der studentischen Unternehmensberatung habe ich erste Erfahrungen bei der Auswahl von Bewerbern gesammelt, dabei habe ich viel für meine eigene Bewerbung gelernt. Ich empfehle jedem, zur Übung einmal die Rollen zu tauschen: Was würdest du selbst fragen, wenn du Recruiter wärst? Welche Fragen bringen Bewerber unter Druck? Worauf achtest du selbst? Vor den Recruiting-Events habe ich das Lösen von Fallstudien geübt, Kopfrechnen wiederholt und verschiedene Uni-Workshops zu Bewerbungen und Assessment-Centern besucht. So würde ich es wieder machen.«

RECRUITING-EVENTS sind eine gute Möglichkeit, Beratungsfirmen näher kennenzulernen. Man bekommt einen ersten Eindruck von den potenziellen Kollegen, kann sein Netzwerk erweitern – und wenn man Glück hat, kommt sogar ein paar Stunden lang Urlaubsfeeling auf. Gerade die großen Beratungsfirmen scheuen keine Kosten und Mühen, um potenzielle Bewerber zu ködern. Von Segeltörns im Mittelmeer bis zum Städtetrip nach Paris wird so gut wie alles geboten. Die Kosten gehen, na klar, aufs Beratungshaus.

STUDENTISCHE UNTERNEHMENSBERATUNGEN sind ein prima Karrieresprungbrett. Hier kann man in den Beruf hineinschnuppern, Kontakte knüpfen und sein erstes Geld als Berater verdienen. Und nebenbei erste Pluspunkte für den Lebenslauf sammeln. In Deutschland gibt es mehr als 80 studentische Beratungen, die als eingetragene Vereine Kunden aus allen Branchen beraten. Einen guten Überblick bietet der Bundesverband Deutscher Studentischer Unternehmensberater: http://www.bdsu.de.

Die Riesen

Obwohl die EU-Kommission seit der Finanzkrise mit einer grundsätzlichen Trennung zwischen Wirtschaftsprüfung und Beratung liebäugelt, sind die vier großen Wirtschaftsprüfungsgesellschaften – PricewaterhouseCoopers (PwC), KPMG, Deloitte und EY weiterhin auf dem Vormarsch im Beratungsgeschäft.

Im Jahr 2013 hat zum Beispiel KPMG schon 408 Millionen Euro mit Beratung umgesetzt – und das Wirtschaftsmagazin *Economist* schätzt, dass Deloitte schon 2017 mehr Umsatz mit Beratung generieren wird als mit Wirtschaftsprüfung.

◆ Big Four = KPMG, Deloitte, PwC und EY

Die Big Four ◆ bieten alle mehrere Geschäftsbereiche an: Wirtschaftsprüfung (Assurance), Steuer- und Rechtsberatung (Tax & Legal) und Beratung (Advisory).

In einer Umfrage des Marktforschungsinstituts Lünendonk aus dem Jahr 2012 sagte die Hälfte der Vertreter klassischer Strategieberatungen, sie empfinde Wirtschaftsprüfungsgesellschaften als »sehr starke« oder »starke« Wettbewerber. Auch der Bundesverband Deutscher Unternehmensberater (BDU) rechnet damit, dass die großen Wirtschaftsprüfer ihre Geschäftsaktivitäten im Consulting noch weiter ausbauen werden. Vor gut zehn Jahren sah das noch ganz anders aus: Damals trennten sich fast alle Wirtschaftsprüfer von ihren Beratungseinheiten. Der Fall Arthur Enderson hatte 2002 für Furore gesorgt: Die US-Wirtschaftsprüfungsfirma hatte tonnenweise Akten eines Kunden vernichtet, für den sie nicht nur die Buchprüfung übernommen hatte, sondern auch die Strategieberatung. Schnell stand der Vorwurf im Raum, die Wirtschaftsprüfer könnten in einem solchen Fall nicht unabhängig agieren. Schließlich segnen sie ja Summen ab, die an sie selbst gezahlt werden. Die Konsequenz war, dass die Wirtschaftsprüfer nach und nach ihre Consultingeinheiten verkauften. Nur Deloitte hielt an der Beratung fest.

Seit einigen Jahren geht der Trend ganz klar wieder in die andere Richtung. In ihrem Kerngeschäft, der Wirtschaftsprüfung, erreichen die Big Four kaum noch Wachstum, und die Gewinnmargen sind eher schwach. Im Beratungsgeschäft lassen sich deutlich höhere Gewinne erzielen – und die Kunden der Wirtschaftsprüfer nehmen das erweiterte, im Vergleich zu klassischen Strategieberatungen auch preiswertere Angebot gerne an. Sie schätzen es, weltweit mit den gleichen Dienstleistern zusammenarbeiten zu können und Prüfung und Beratung zum Pauschalpreis zu kriegen. Wer könnte mögliche Schwachstellen frühzeitiger erkennen als Wirtschaftsprüfer, die ohnehin alle Zahlen kennen?

Im Gegensatz zu den großen Managementberatungen, die sich früher hauptsächlich um neue Strategien gekümmert haben und nun lernen müssen, wie man diese auch umsetzt, gehen Wirtschaftsprüfer den umgekehrten Weg. Sie kennen sich mit dem operativen Tagesgeschäft aus – und lernen nun, wie man die passenden Strategien entwickelt. Beschleunigen lässt sich dieser Lernprozess ganz einfach: Man braucht bloß ein anderes Unternehmen aufzukaufen, das über dieses fehlende Wissen verfügt. Genau das machen die Wirtschaftsprüfer – sie gehen auf Shoppingtour im Mittelstand.

Die Mega-Fusion zwischen der Wirtschaftsprüfungsgesellschaft Deloitte und dem Beratungshaus Roland Berger ist zwar gescheitert, aber es scheint nur eine Frage der Zeit zu sein, bis eine andere Übernahme Schlagzeilen machen wird. »Jeder spricht im Moment mit jedem«, sagt BDU-Präsident Antonio Schnieder. Schon im Jahr 2013 war die Branche von einer bislang nicht gekannten Konsolidierungswelle gekennzeichnet. So hat beispielsweise die Wirtschaftsprüfungsgesellschaft PwC die Unternehmensberatung Booz & Company erworben, die nun »Strategy &« heißt. Seit der Übernahme kann PwC die gesamte Wertschöpfungskette der Beratung abbilden und auch bei strategischen Themen mitreden.

Für die Consultingbranche sei das Interesse der Wirtschaftsprüfer »per se eine Aufwertung«, sagt Jörg Hossenfelder von der

Marktforschungsfirma Lünendonk. »Der deutsche Consulting-Markt hat sich innerhalb von zehn Jahren verdoppelt. Die Wirtschaftsprüfungsgesellschaften investieren also in einen Wachstumsmarkt – das ist grundsätzlich positiv zu bewerten.« Allerdings werde durch ihr Engagement die Marktkonsolidierung forciert: »Der Wettbewerbsdruck wird sich gerade bei Corporate-Finance-, Prozess- und Organisationsberatungsthemen erhöhen.«

Macht es denn überhaupt einen Unterschied, ob man als junger Berater in einer klassischen Strategieberatung anfängt oder in der Beratungseinheit einer Wirtschaftsprüfungsgesellschaft?

ZWISCHENRUF
ES IST DEINE KARRIERE

*»Es sollte mehr herauskommen als eine Abschlusspräsentation.«,
sagt* Wolfgang Kurz.

»Ich habe mich damals bei verschiedenen Beratungsfirmen beworben. Die Auswahltage waren vergleichbar, also habe ich mir die Frage gestellt: Habe ich Spaß mit den Leuten? Das rate ich auch Bewerbern: Schau dir die Berater an, denen du gegenübersitzt! Bei Deloitte hat mir die Atmosphäre am besten gefallen. Letztlich habe ich die Entscheidung also aus dem Bauch heraus getroffen, und ich habe es nicht bereut. Die Projektarbeit ist bei vielen Beratungen vergleichbar, wir kümmern uns aber nicht nur um Strategie-, sondern auch um Organisations-, Technologie- und Personalfragen und sind dadurch insgesamt umsetzungsorientierter als klassische Strategieberatungen. Unser Anspruch ist, dass am Ende mehr als eine Abschlusspräsentation herauskommt – das schätze ich sehr. Auch das klassische Up-or-Out-Prinzip gilt bei Deloitte nicht: Bei uns gibt es keine starr vorgegebenen Zeiträume, in denen der nächste

Karriereschritt zu erfolgen hat. Die klassische Pyramidenstruktur gibt es zwar auch, aber der Karriereweg mündet nicht automatisch in die Position als Partner. Wer will, kann auch eine Fachkarriere einschlagen.
Zudem unterscheiden wir uns von klassischen Strategieberatungen bezüglich der Größe: Wir haben weltweit über 220 000 Kollegen und damit Zugriff auf ein riesiges Netzwerk. Für ein deutsches Unternehmen sollten wir zum Beispiel ermitteln, welche internationalen Märkte sich zur Expansion eignen würden. Mit unserer Recherche haben wir 30 potenzielle Länder identifizieren können. Innerhalb einer Woche haben wir dann 30 Interviews mit unseren Kollegen vor Ort geführt, die uns weitere Informationen zu Markt, Wettbewerbern und rechtlichen Rahmenbedingungen geben konnten. Darauf aufbauend konnten wir die fünf attraktivsten Länder bestimmen, und zur Diskussion mit dem Kunden kamen unsere Experten nach Deutschland. In so einem Fall arbeiten wir dann auch mit Kollegen aus dem Steuer-, Prüfungs-, Corporate-Finance- und Rechtsbereich zusammen.
Auslandsprojekte werden schwerpunktmäßig gemeinsam mit den Kollegen vor Ort betreut. Ich habe zum Beispiel längere Zeit in den USA, Griechenland und Dänemark gearbeitet. In Deutschland sind wir sehr viel unterwegs, international auch – das hängt aber vom Projekt ab.«

Rein statistisch gesehen sind die Chancen auf einen Job bei den Big Four etwas besser als bei den Top Drei: Bei McKinsey kommen im Schnitt 50 Bewerbungen auf eine Stelle, bei KPMG nur 27. Und hier sind schon Wirtschaftsprüfer und Steuerberater mitgerechnet. Von den 1 500 neuen Mitarbeitern, die KPMG jedes Jahr einstellt, fangen etwa 500 bis 600 als Consultants an.

»Unsere Lünendonk-Studien zeigen, dass Mandanten bei strategischen Projekten bisher mehrheitlich auf klassische Beratungshäuser zurückgreifen«, sagt Hossenfelder. Dort könnten junge Berater folglich häufiger Strategieberatungsthemen bearbeiten. In den Wirtschaftsprüfungsgesellschaften stehe der »Professional-Services-Ansatz« im Vordergrund: »Hier ist es möglich, teamübergreifend einen Mandanten ganzheitlich zu beraten: Management-, Steuer-, Rechts- und wirtschaftsprüfungsnahe Beratung aus einer Hand.« Generell sei aber klar: »Die Wirtschaftsprüfungsgesellschaften mit strategischen Consulting Units holen sukzessive auf.« BDU-Präsident Antonio Schnieder teilt diese Einschätzung. Er ist sich sicher: »Am Ende der Marktkonsolidierung werden wenige große und international ausgerichtete Beratungsschwergewichte sowie viele kleine Spezialisten die Branche prägen.«

Welche Ansprüche haben die Wirtschaftsprüfungsgesellschaften an den Beraternachwuchs? Hier die Antworten der Recruiting-Chefs von Ernst & Young (EY), PwC und KPMG:

ZWISCHENRUF
ES GIBT KEINE UNTERSCHIEDE

»Wir unterscheiden erst mal nicht zwischen Wirtschaftsprüfer, Steuerberater oder Consultant«, sagt Marcus Reif, Recruiting-Chef bei EY. EY stellt jedes Jahr rund 1 600 neue Mitarbeiter ein, davon etwa 500 in der Beratungssparte.

»Die Arbeit unserer Managementberater unterscheidet sich erst auf den zweiten Blick von der klassischer McKinsey-Strategieberater: Wir sind deutlich breiter aufgestellt. Wir betreuen unsere Klienten von A bis Z, wir übernehmen alles von der Strategie bis zur Umsetzung und viele unserer Projekte sind interdisziplinär. Bei der Bewerbung unterscheiden wir erst mal nicht zwischen Wirtschaftsprüfer, Steuerberater oder Consultant – Berater sind ja letztlich alle. Wir erwarten von Bewerbern auch nicht, dass sie schon wissen, in welche Sparte sie möchten. Das ergibt sich dann im Laufe des Auswahlprozesses. Zunächst laden wir Bewerber zu einem Online-Assessment-Center ein, dort lösen sie drei jeweils sechsminütige Tests mit Logik- und Analyseaufgaben. Der Test allein ist kein Grund für eine Zu- oder Absage, aber neben Anschreiben und Lebenslauf für uns eine wichtige Entscheidungsgrundlage. An Noten glauben wir nicht mehr – von der akademischen auf die berufliche Leistung zu schließen, funktioniert unserer Ansicht nach nicht. Uns sind Soft Skills wichtiger. Auch Quereinsteiger, zum Beispiel mit Soziologie- oder Philosophiestudium, haben bei uns eine Chance, wenn sie denn die analytische Kompetenz mitbringen. Am Auswahltag lösen die Bewerber Fallstudien in Gruppen und haben ein einstündiges Einzelgespräch, in dem es aber hauptsächlich darum geht, offene Fragen zu klären. Wer als Consultant bei uns einsteigt, arbeitet die ersten zwei, drei Jahre als Generalist und spezialisiert sich dann.«

> »[Bei EY] sind Soft Skills wichtiger als Noten.«

ZWISCHENRUF
ALLES IST OFFEN

»Das klassische Up-or-Out gibt es bei uns nicht«, sagt Jörg Dassel, HR Director bei PwC.
PwC stellt jedes Jahr rund 1 000 Neueinsteiger ein, davon 300 Managementberater.

»Was haben wir, was McKinsey nicht hat? Zum Beispiel zweistellige Wachstumsraten! Und eine

fachliche Tiefe und thematische Breite, wie sie sonst niemand aufweisen kann. Wir bieten unseren Kunden eine ganzheitliche Betreuung von der Strategie bis zur Umsetzung in 157 Ländern. Fachlich top und gleichzeitig breit interessiert, das fordern wir auch von unseren Bewerbern. Wir suchen Menschen, die Lust haben, etwas zu bewegen und schon Verantwortung übernommen haben. Das ist uns genauso wichtig wie gute Noten, doch wer erst im Studium die Kurve gekriegt hat, bekommt auch eine Chance.
Unsere Berater sind nah dran an der Wirtschaftsprüfung, haben aber in der täglichen Arbeit mit den Wirtschaftsprüfern wenig zu tun. Wer zu uns kommt, hat in der Regel schon einen fachlichen Schwerpunkt, das gilt auch für Bachelorabsolventen. Unsere Quereinsteiger kommen oft aus der Industrie.
Ein Online-Assessment-Center haben wir nicht mehr, die Ergebnisse scheinen uns nicht ausreichend valide, schließlich hat jeder Bewerber die Möglichkeit, sich mit einem schlauen Freund vor den Computer zu setzen. Wir bewerten die Kandidaten lieber persönlich. Am Auswahltag hat jeder mindestens zwei, maximal vier Gespräche.

»**Wir [bei PwC] bewerten die Kandidaten lieber persönlich.**«

Wer als Consultant bei uns anfängt, wird in den ersten drei, vier Jahren breit eingesetzt und lernt viele Kunden kennen. Up or Out gibt es bei uns nicht, das Pyramidsystem ist nicht mehr das klassische Modell der Beratungen: Heute werden erfahrene Berater verlangt, die wissen, was sie tun.«

ZWISCHENRUF
WER IST HIER DER BOSS?

»*Wir bewerben uns bei den Absolventen und nicht umgekehrt*«, sagt
Wolfgang Zieren, Personalvorstand bei KPMG.
KPMG stellt jedes Jahr 1500 neue Mitarbeiter ein, davon etwa 500 bis 600 als Consultants.

»Es kommt bei uns nicht darauf an, ob jemand Theologie, Physik oder Mathematik studiert hat. Wer ein Teamplayer ist, Interesse an wirtschaftlichen Zusammenhängen hat und bereit ist, lebenslang zu lernen, ist bei uns willkommen. Das Handwerkszeug bringen wir den Bewerbern bei. Es ist ja mittlerweile ohnehin so, dass wir uns bei ihnen bewerben und nicht umgekehrt. Talente wollen alle Beratungshäuser gern einstellen. Wir haben ein tolles Portfolio und sind mit allen 30 DAX-Unternehmen in Kontakt, aber das ist bei anderen auch so. Den Unterschied machen die Menschen. KPMG setzt sich aus den Namen der Gründungsväter zusammen, doch für uns stehen die Buchstaben auch für: Kollegen, Persönlichkeiten, Menschen, Gewinner.
Unsere traditionelle Kernkompetenz ist die Wirtschaftsprüfung und Steuerberatung, aber wir arbeiten auch multidisziplinär. Wenn zum Beispiel zwei Kapitalgesellschaften fusionieren, öffnen sich auf einen Schlag viele Baustellen. Neue Absatzstrategien werden gebraucht, aber auch rechtliche oder steuerliche Fragen tauchen auf. Da arbeiten alle zusammen. Viele Bewerber haben nur eine abstrakte Vorstellung von dem, was wir hier machen, da bietet ein Praktikum die beste Möglichkeit, das herauszufinden. Wir vergeben jedes Jahr etwa 1000 bis 2000 Praktikumsplätze. Die Besten bekommen danach direkt ein Jobangebot. Viele Direkteinsteiger unmittelbar nach dem Universitätsstudium streben

unverändert das Steuerberater- oder Wirtschaftsprüfer-Examen an. Welcher Weg für welchen Bewerber der richtige ist, stellt sich meist im Bewerbungsgespräch heraus – oder im Praktikum. So mancher war schon überrascht, wie vielseitig die Arbeit als Wirtschaftsprüfer oder Steuerberater ist.

Bei uns sind in den Auswahlgesprächen nicht nur die fachlichen Vorgesetzten dabei, sondern regelmäßig auch Mitarbeiter der Personalabteilung. Damit fließen unterschiedliche Perspektiven in die Beurteilung ein. Einen typischen Fallstudienstandard oder klassische Analysetests gibt es bei uns nicht, wir setzen lieber auf persönliche Gespräche. Direkteinsteiger mit Bachelorabschluss haben wir ebenso wie Masterabsolventen, Juristen und Kollegen mit sonstigen Abschlüssen. Im Consulting suchen wir tendenziell Einsteiger mit bereits erster oder ausgeprägter Berufserfahrung. Nach der Grundausbildung stehen unseren Mitarbeitern alle Wege offen. In Zukunft werden noch mehr innerhalb unserer Firma zwischen Beratung, Wirtschaftsprüfung und Steuerberatung wechseln.«

»Welcher Weg für welchen Bewerber der richtige ist stellt sich meist im Bewerbungsgespräch heraus.«

Die Insider

Beim Inhouse-Consulting ist der Name Programm: Interne Berater reisen nicht zum Kunden, sie sind schon da. Und sie bleiben nicht nur, bis das jeweilige Projekt abgeschlossen ist – sie sind Teil des Hauses.

Während Berater von McKinsey, BCG und Bain von einem Kunden zum nächsten jetten, arbeiten interne Berater das ganze Jahr lang für denselben Klienten. Entsprechend gut kennen sie dort die Arbeitsatmosphäre und Firmenphilosophie. Ihre Aufträge führen sie quer durch alle Abteilungen des Hauses und bei manchen Konzernen auch zu den jeweiligen Firmensitzen im Ausland. Auch Inhouse-Consultants leben also manchmal monatelang aus dem Koffer. Mit dem Jetset-Leben der externen Berater ist ihr Arbeitsalltag allerdings nicht vergleichbar. Auf Dienstreisen folgen üblicherweise immer wieder Phasen, in denen sie an ihrem eigenen Schreibtisch in der Firmenzentrale arbeiten. Ob man das als Vorteil oder als Nachteil empfindet, sollte jeder selbst entscheiden.

Viele Berater fangen in einer klassischen Managementberatung an und wechseln später, wenn sie vom Leben auf der Durchreise die Nase voll haben, in eine interne Beratung. In der Regel haben sie dort mehr Mitspracherecht, wenn es darum geht, wer wann wie lange auf Dienstreise geht.

Doch auch der direkte Einstieg im Inhouse-Consulting hat seine Vorteile: Interne Beratung gilt als Sprungbrett für eine Konzernkarriere. Wer ein paar Jahre als interner Berater in einer Firma gearbeitet hat, kennt dort sämtliche Abläufe, Schwachstellen und Schlüsselfiguren – und hat ganz nebenbei ein großes internes Netzwerk aufbauen können. Der Wechsel in eine Führungsposition im Unternehmen ist da meist nur eine Frage der Zeit. Laut einer Studie der European Business School und Bayer Business Consulting aus dem Jahr 2009 wechseln 66 Prozent der internen Berater nach drei bis vier Jahren in Linienfunktionen des Mutterkonzerns. Während in einer externen Unternehmensberatung die höchste Karrierestufe die des Partners ist, ist das höchste Karriereziel vieler interner Berater eine Führungsposition im Management des Konzerns. Das Up-or-Out-Prinzip spielt deshalb eine eher untergeordnete Rolle. Zwar wird auch im Inhouse-Consulting kontinuierlich die Leistung der einzelnen Berater bewertet, aber so schnell wie bei den klassischen externen Managementberatungen wird hier niemand vor die Tür gesetzt. Da ohnehin ständig Berater in den Mutterkonzern wechseln, ist es eher im Interesse der Firma, den Nachwuchs zu halten und zu fördern.

Noch vor zehn Jahren galt Inhouse-Consulting als Exotenbranche. Die ersten internen Beratungen wurden Ende der neunziger Jahre gegründet, meist auf Initiative des Vorstands oder der Geschäftsführung. Die Gründe sind einleuchtend: Interne Berater sind günstiger als externe, sie kennen sich im Haus besser aus, können schneller eingreifen und werden von Mitarbeitern leichter akzeptiert. Außerdem eignet sich die interne Beratung hervorragend für die Ausbildung des eigenen Management-Nachwuchses.

Heute haben von den 30 DAX-Unternehmen 21 ein eigenes Inhouse-Consulting, von der Allianz über BASF, die Deutsche Telekom, E.ON und ThyssenKrupp bis zu Volkswagen. Die Consulting-Einheiten sind selbständige Tochtergesellschaften oder eigene Abteilungen mit oft mehr als hundert Beratern. Ihre Arbeitsweise unterscheidet sich im Großen und Ganzen nicht von der ihrer externen Kollegen, allerdings sind Inhouse-Consultants zwangsläufig auf eine Branche spezialisiert. Wer etwa in der internen Beratung einer Bank arbeitet, muss entsprechend tief in die Finanzwelt eintauchen.

Auch im Inhouse-Consulting gibt es die für Beratungen typischen Hierarchieebenen, Projektteams, Feedbackrunden, Ergebnispräsentationen – und Überstunden. Inhouse-Consultants kokettieren zwar gerne mit ihrer vermeintlich wunderbaren Work-Life-Balance, doch hier sollte man sich nicht täuschen lassen: An einem Arbeitstag sitzen auch sie durchschnittlich zehn Stunden im Büro.

Für externe Berater sind Hobbys sowieso tabu – sie sind ja unter der Woche so gut wie nie zu Hause –, aber auch interne Berater schaffen es nur selten, feste Abendtermine einzuhalten. Wer montags und mittwochs um 19 Uhr von der Volleyballmannschaft oder den Bandkollegen erwartet wird, wird auch im Inhouse-Consulting nicht glücklich werden.

Nicht alle Projekte des jeweiligen Mutterkonzerns gehen automatisch an die eigenen Berater. Manche Aufträge werden ausgeschrieben, und die Inhouse-Consulting-Einheit muss sich dann auf diese Projekte genauso bewerben wie dies auch externe Strategieberatungen tun. Einige interne Beratungen übernehmen sogar auch Aufträge außerhalb des Mutterkonzerns oder arbeiten bei einzelnen Projekten mit externen Beratern zusammen.

Finanziell haben Berufseinsteiger im Inhouse-Consulting keine Nachteile. Wenig Unterschiede zwischen interner und externer Beratung gibt es aber auch bei den Einstellungstests. Ohne Fallstudien, Interviews und Analytiktests rücken auch die großen Inhouse-Beratungen keine Arbeitsverträge heraus. Allein bei RWE Consulting gehen jedes Jahr circa 4 000 Bewerbungen ein.

Insgesamt gibt es in Deutschland rund 120 Inhouse-Consulting-Einheiten, die mehr als 2 000 Berater beschäftigen. Und die Branche boomt: In den vergangenen fünf Jahren ist die Zahl der Inhouse-Consultants um etwa 30 Prozent gestiegen. Allein in den 29 Unternehmen, die sich zum »Inhouse Consulting Network« zusammengeschlossen haben, wurden 2012 rund 400 neue Berater eingestellt – mit und ohne Berufserfahrung.

TIPP: Die Webseite des Netzwerks www.inhouse-consulting.de ist ein guter Anlaufpunkt: Hier bekommst du einen guten Einblick in mehr als ein Dutzend Inhouse-Consulting-Einheiten großer Konzerne. 48 Inhouse-Consultants von 16 Firmen, von der Allianz über die Deutsche Bahn und Deutsche Post bis hin zu Volkswagen, stellen auf der Seite sich und ihren Arbeitgeber vor. Zudem kannst du dir Fallbeispiele herunterladen und so sehen, an welchen Projekten die Inhouse-Consultants der jeweiligen Einheit typischerweise arbeiten.

Das Verhältnis zwischen internen und externen Beratern ist überwiegend kollegial, ergab die bereits zitierte Studie der European Business School. Im Schnitt sagten nur zwei von zehn befragten Inhouse-Consultants, ihr Verhältnis zu externen Beratern sei konkurrierend. Hier und da werden interne Berater von ihren Kollegen der großen Strategieberatungen allerdings noch belächelt. »Übertragen auf den Sport kann man sagen: McKinsey tritt bei den Olympischen Spielen an, wir bei der deutschen Meisterschaft«, sagt ein Inhouse-Consultant einer großen deutschen Bank. Seine Äußerung klingt reichlich frustriert, das mag aber daran liegen, dass er von seinen Chefs regelmäßig an Privathochschulen geschickt wird, um dort Werbung für die Firma zu machen - und dort meist auf wenig Interesse stößt. Inhouse-Consulting gilt bei vielen Studenten als wenig sexy. Keine Dienstreisen, kein großer Markenname? Vergiss es. Mareike Kleimann kann das nicht nachvollziehen. Sie hat sich nach ihrem Studium des Internationalen Managements ganz bewusst fürs Inhouse-Consulting entschieden. Warum? Das erzählt sie hier:

ERFAHRUNGSBERICHT
»ICH WOLLTE NICHT NUR AN DER OBERFLÄCHE KRATZEN.«

Mareike Kleimann, 28, arbeitet seit April 2012 bei RWE Consulting.

»Projektarbeit liegt mir, das habe ich schon während meines Studiums gemerkt. Ich habe Internationales Management studiert und parallel bei Bertelsmann gearbeitet. In verschiedenen Projekten musste ich Probleme strukturiert lösen – so habe ich quasi nebenbei das Beraterhandwerk gelernt. Nach meinem Bachelor wollte ich gern mein Studienfach weiter vertiefen. Die meisten Unternehmensberatungen fordern einen Master als Abschluss, insofern stand schnell für mich fest, dass ich weiter studiere. Praktika habe ich keine absolviert, dafür hatte ich keine Zeit. Ich habe ja mein ganzes Studium lang parallel gearbeitet. Deshalb war es mir auch wichtig, nach meinem Master erst mal ein Jahr lang zu verreisen. Ich habe mich für einen klassischen Work-and-Travel-Trip in Australien entschieden, wobei der Fokus ehrlich gesagt mehr auf Travel als auf Work lag. Ich habe mir schon ein wenig Sorgen gemacht, wie diese Auszeit später im Lebenslauf aussehen wird, aber meine Zweifel waren völlig unbegründet. Als ich nach der Reise mit der Jobsuche anfing, habe ich nur positive Rückmeldungen bekommen. Die meisten Personaler sagten sogar, sie wünschten, sie hätten auch so etwas gemacht. Die Reise hat mir wirklich viel gegeben, ich habe viel über mich selbst gelernt und würde es definitiv wieder machen.

Beworben habe ich mich bei verschiedenen Inhouse-Consulting-Firmen und kleineren Beratungsagenturen. Die großen Strategieberatungen haben mich nicht interessiert, weil ich nicht als Generalistin arbeiten und immer nur an der Oberfläche kratzen wollte. Ich wollte lieber ein Themengebiet haben und mir Spezialwissen aneignen.

Mit Energiewirtschaft kannte ich mich vor meiner Bewerbung bei RWE Consulting nicht aus, das wird von Bewerbern aber auch nicht verlangt. Man wird dort abgeholt, wo man gerade steht, und alles Weitere lernt man dann im jeweiligen Projekt. Auf die Firma bin ich gekommen, weil sie eine der größten deutschen Inhouse-Beratungen ist. Hier hat man einen Konzern im Rücken, kann aber auch international arbeiten, da RWE in mehr als zehn Ländern vertreten ist.

Das Bewerbungsverfahren ist ähnlich aufwändig wie für eine klassische Strategieberatung. Ich musste zunächst einen Online-Test machen und wurde telefonisch interviewt. Im Gespräch ging es vor allem darum, warum ich zu RWE Consulting will und wie mein Lebenslauf aussieht. Dann wurde ich zu einem ganztägigen Assessment-Center in Essen eingeladen. Dort erwarteten mich ein klassisches Interview, eine kurze und eine ausführliche Fallstudie und ein Rollenspiel, bei dem ich ein Meeting leiten musste. Der Tag war schon stressig, aber das soll er wohl auch sein - schließlich geht es ja darum, wie man sich in Stresssituationen beweist. Am Ende des Tages bekam ich ein ausführliches Feedback und auch gleich die Zusage. Zwei Monate später war schon mein erster Arbeitstag.

Der Wechsel von der Backpackerin zur Unternehmensberaterin war schon heftig, aber ich hatte Lust, etwas Neues zu starten, und bin immer noch hoch motiviert. An meinem Job mag ich vor allem, dass es keinen typischen Alltag gibt. Jedes Projekt ist anders. Ein halbes Jahr lang habe ich zum Beispiel in England gearbeitet, jetzt bin ich für einige Monate wieder hier im Headquarter in Essen. Man kann auch mitbestimmen, wie oft man unterwegs sein möchte. Mir macht das Reisen viel Spaß, andere Kollegen haben schon Kinder und möchten lieber mehr Zeit zu Hause verbringen - das passt eigentlich ganz gut. Ich glaube, da hat man hier schon mehr

Die größten deutschen Inhouse-Beratungen

RANG	DAX UNTERNEHMEN	NAME DER BERATUNGSEINHEIT	ANZAHL BERATER	STANDORTE DER BERATUNG
1	Bayer	Bayer Business Consulting	140	Leverkusen, Berlin, Morristown (US), Pittsburgh (US), Peking (CN), Shanghai (CN), Sao Paulo (BR)
2	RWE	RWE Consulting GmbH	111	Essen, Belin, Frankfurt, London (UK), Den Bosch (NL), Prag (CZ)
3	Deutsche Post DHL	Deutsche Post DHL Inhouse Consulting GmbH	110	Bonn, Plantation (US), Singapur, Shanghai (CN)
4	Siemens	Siemens Management Consulting (SMC)	105	München, Peking (CN), Mumbai (IN)
5	Volkswagen	Volkswagen Consulting	105	Wolfsburg, Peking (CN)
6	Commerzbank	Commerz Business Consulting GmbH	90	Frankfurt
7	E.On	E.ON Inhouse Consulting GmbH	90	Essen
8	Deutsche Bank	Deutsche Bank Inhouse Consulting	86	Frankfurt, Singapur, London (UK)
9	Deutsche Telekom	Center for Strategic Projects	75	Bonn
10	Deutsche Bahn	DB Mnagement Consulting	61	Frankfurt, Berlin
11	BMW	BMW Prozessmanagement	60	München
12	BASF	BASF Management Consulting	52	Ludwigshafen, Hong Kong
13	Merck	Merck Inhouse Consulting	34	Darmstadt
14	ThyssenKrupp	ThyssenKrupp Management Consulting GmbH	27	Essen

Quelle: Inhouse Consulting Network, 2014.

Freiheiten als bei den großen externen Strategieberatungen.

Es ist nicht so, dass alle Aufträge von RWE automatisch an uns gehen. RWE Consulting muss sich auf jedes Projekt neu bewerben, genau wie alle anderen Beratungsfirmen auch. Von der Arbeitsweise her unterscheiden wir uns eigentlich nicht. Auch bei uns gibt es den Office Friday, die klassischen Hierarchiestufen und wöchentliches Feedback. Aber im Gegensatz zur externen Beratung haben wir auch die Möglichkeit, eine Konzernkarriere zu starten. Erst kürzlich stand im Intranet, wir seien der Durchlauferhitzer, eine Art Talentpool für RWE. Ich selbst kann mir auch gut vorstellen, später auf eine Managementposition zu wechseln. Als Inhouse-Consultant lernt man viele verschiedene Abteilungen kennen und kann ein großes Netzwerk aufbauen, da ergibt sich ein Wechsel oft ganz von selbst. Außerdem sind natürlich auch Stellen im Intranet ausgeschrieben, auf die man sich bewerben kann.

DIESE FALLSTUDIE MUSSTE ICH LÖSEN: Lohnt sich für RWE der Einstieg in den Elektromobilitätsmarkt?

MEIN LÖSUNGSWEG: Das Infomaterial, das ich für die Fallstudie bekommen habe, war sehr komplex, an die einzelnen Zahlen und meine konkrete Antwort kann ich mich gar nicht mehr erinnern. Ich habe mir aber überlegt, wie viele Elektroautos es schon gibt, wie viele wohl verkauft werden und wie eine Lösung aussehen könnte.

MEINE TIPPS FÜR DEN AUSWAHLTAG: Man sollte üben, seinen Lebenslauf strukturiert vorzustellen. Was habe ich wo gelernt? Was motiviert mich? Wann ist mal etwas schief gelaufen? Ich glaube, es ist sehr wichtig, seine wirklichen Schwächen nennen zu können. Wer versucht, sozial erwünschte Antworten zu geben, kann nicht authentisch sein – und das merken die Recruiter sofort. Natürlich sollte man sich auch gut über die Firma informieren und einige Fallstudien üben, aber entscheidender finde ich, dass man bei den Interviews man selbst ist. Das Auswahlverfahren ist ja auch keine Einbahnstraße. Es geht nicht nur darum, dass man selbst bewertet wird, sondern auch darum, dass man das Unternehmen kennen lernt. In den Fallstudien und Rollenspielen sitzt man zukünftigen Kollegen gegenüber. Kann man sich vorstellen, mit ihnen täglich zusammenzuarbeiten? Wenn man sich klarmacht, dass man selbst die Entscheidung hat, kann man sich viel lockerer präsentieren.«

FAZIT Wer Berater werden will, hat die Qual der Wahl: Muss es wirklich die Karriere in einer klassischen Topberatung wie McKinsey oder BCG sein? Oder kommt auch eine mittelständische Unternehmensberatung, eine Wirtschaftsprüfungsgesellschaft oder ein Job als Inhouse-Consultant in Frage? Welcher Weg für wen der Richtige ist, davon hast du nun eine bessere Vorstellung. Du kennst den persönlichen Werdegang einiger Berater – und weißt, warum sie nicht mit den Kollegen von McKinsey und Co. tauschen möchten.

Top oder flop

CONSULTING-
FIRMEN
IM VERGLEICH

High Performance
für alle! 84

Je größer desto mehr €€€ 94

EINLEITUNG

WIE SOLL MAN UNTER TAUSENDEN BERATUNGSFIRMEN DIE RICHTIGE FINDEN? VOR DIESER FRAGE STEHEN NICHT NUR BEWERBER, SONDERN VOR ALLEM AUCH FIRMEN, DIE BERATER ENGAGIEREN WOLLEN. DAS MACHT DAS THEMA FÜR MARKTFORSCHER INTERESSANT: SIE VERSUCHEN, DIE LEISTUNGEN ZU BEWERTEN UND IN RANKINGS ZU PACKEN. FÜR BEWERBER SIND DIESE BESTENLISTEN DOPPELT INTERESSANT: ZUM EINEN BIETEN SIE EINEN ÜBERBLICK DARÜBER, WELCHE BERATUNGSFIRMEN ES ÜBERHAUPT GIBT, ZUM ANDEREN HELFEN SIE DABEI, DEN FÜR DIE EIGENEN INTERESSEN BESTEN ARBEITGEBER ZU FINDEN.

Das bekannteste Ranking – eine Liste der umsatzstärksten Managementberatungen in Deutschland – erstellt jedes Jahr das Marktforschungsinstitut Lünendonk. Obwohl McKinsey keine konkreten Umsätze für den deutschen Markt angibt, gilt das Unternehmen als unbestrittener Marktführer. Schätzungen zufolge macht McKinsey in Deutschland einen jährlichen Umsatz von mehr als 600 Millionen Euro. Trotzdem taucht die Firma im Lünendonk-Ranking 2013 nicht mehr auf: Berücksichtigt werden jetzt nur noch Managementberatungen, die »ihre Gründungshistorie und Kapitalmehrheit« in Deutschland haben – und das trifft auf die Top Drei und die Big Four ◆ nicht zu. Nach den neuen Kriterien landet Roland Berger, der Drittplatzierte des Jahres 2012, auf dem ersten Platz und zeb.rolfes.schierenbeck.associates schafft es von Rang 17 auf Platz 2.

◆ Top Drei = McKinsey, BCG, Bain
Big Four = KPMG, PWC, Deloitte, EY

Top Ten der Managementberatungsunternehmen in Deutschland 2013

		UMSATZ IN MILLIONEN EURO	ZAHL DER MITARBEITER
1	Roland Berger	750	2700
2	zeb.rolfes.schierenbeck.associates	169	844
3	Simon-Kucher & Partners	152	680
4	Kienbaum	112	710
5	Horváth & Partners	105	483
6	KPS	97	171
7	Q_PERIOR	90	425
8	Porsche Consulting	85	360
9	d-fine	82	471
10	goetzpartners	77	220

Quelle: Lünendonk GmbH, Kaufbeuren 2014

Eine Topliste ohne McKinsey, BCG und Bain? So schnell kann es gehen: Einmal die Kriterien geändert – und schon sind sie draußen. Das liegt in der Natur von Bestenlisten: Auch wenn sie noch so viele Zahlen zitieren, letztlich sind sie doch vor allem eines: subjektiv. Die Liste von Lünendonk solltest du deshalb einfach als ersten Überblick begreifen, vielleicht steht ja der ein oder andere Name darauf, den du noch nie gehört hast. Bei der Wahl des für dich besten Arbeitgebers sind Rankings aufschlussreicher, die auf Befragungen von Kunden und Beratern basieren. Um sie geht es im folgenden Kapitel.

UP!
GOES
WAY
THE

High Performance für alle!

Berater-Bestenlisten, die auf Befragungen basieren, werden gern von Zeitschriften in Auftrag gegeben und erscheinen deshalb meist in unregelmäßigen Abständen. Drei wichtige Bestenlisten möchte ich dir hier auf den folgenden Seiten erläutern.

Ein jährlicher Gradmesser ist der Höselbarth-Lay-Index. Er bewertet Bekanntheit, Ruf und erzielte Wertsteigerung der Beratungsfirmen. Befragt werden Manager von Unternehmen mit einem Umsatz von mehr als 125 Millionen Euro und von mittelständischen Firmen, die die Hilfe von Consultants in Anspruch genommen haben: Ist ihnen der Name der Unternehmensberatung bekannt? Ist der Ruf der Beratung für sie eher positiv oder eher negativ besetzt? Und: Inwieweit hat sich durch eine Beratung das Betriebsergebnis verbessert?

Im Ranking für das Jahr 2013 kommt bei der letzten Frage das Beratungsunternehmen Porsche Consulting auf den Spitzenplatz. Für Umsatzchampion McKinsey reicht es in dieser Kategorie nur für Platz drei. Auffallend ist auch die gute Platzierung verschiedener kleinerer Unternehmensberatungen in dieser Sparte: Horváth & Partners, eine mittelständische Beratung spezialisiert auf Controlling und strategische Unternehmenssteuerung, hält sich dort zum Beispiel seit Jahren in den Top Ten. Aber in punkto Bekanntheit können es solche »Hidden Champions« natürlich nicht mit den Großen aufnehmen. Stern Stewart & Co., Horváth oder Porsche Consulting tauchen in der Kategorie Bekanntheit noch nicht einmal in den Top Ten auf, was wiederum ihr Ergebnis im Gesamtranking verschlechtert.

Der Höselbarth-Lay-Index 2013

	BEKANNTHEIT	ERGEBNIS	RUF	GESAMT
1	McKinsey (100%)	Porsche (2,47)	BCG (1,33)	BCG (2,16)
2	Roland Berger (93%)	Stern Stewart (2,37)	Porsche (1,25)	Porsche (2,1)
3	BCG (92%)	McKinsey (2,27)	Bain (1,04)	McKinsey (2,08)
4	KPMG (83%)	Oliver Wyman (2,09)	Horváth (0,95)	A.T. Kearney (1,917)
5	Accenture (82%)	BCG (2,09)	Oliver Wyman (0,94)	PwC (1,917)
6	Deloitte (79%)	A.T. Kearney (2,03)	Stern Stewart (0,93)	Roland Berger (1,83)
7	PwC (78%)	PwC (2,03)	McKinsey (0,9)	Bain (1,8)
8	A.T. Kearney (76%)	Horváth (2,025)	Roland Berger (0,89)	Horváth (1,79)
9	EY (74%)	Deloitte (1,92)	A.T. Kearney (0,86)	Oliver Wyman (1,73)
10	Bain (67%)	Bain (1,91)	PwC (0,84)	Deloitte (1,65)

Agenda: Für die Kategorie Bekanntheit wurde gefragt: Ist Ihnen der Name der Unternehmensberatung bekannt?

Für die Kategorie Ergebnis wurde gefragt: Inwieweit hat sich durch eine Beratung das Betriebsergebnis verbessert? Antwort von 0 = nicht verbessert bis 4 = stark verbessert

Für die Kategorie Ruf wurde gefragt: Ist der Ruf der Beratung für Sie eher positiv oder eher negativ besetzt? Antwort von -3 = negativ besetzt bis +3 = positiv besetzt

Eine etwas ältere Umfrage stammt von Wirtschaftsprofessor Dietmar Fink. Er ermittelte 2012 für das *manager magazin*, wie Kunden die Fähigkeiten der Berater einschätzen. BCG kam auf die höchsten Zustimmungswerte bei den Statements »Sie können vorausdenken« und »Sie sind kommunikativ«. Was die Kommunikation angeht, landete McKinsey sogar nur auf Platz vier, noch hinter Booz (mittlerweile PricewaterhouseCoopers, PwC) und Roland Berger. Dafür hatten die »Meckies« in anderen Sparten die Nase vorn: bei Fachwissen, Branchen-Know-how, Methodik, analytischen Fähigkeiten und Ansehen.

Bemerkenswert: In Sachen Teamwork schafften es sowohl McKinsey als auch BCG nicht unter die ersten fünf. Bei der Aussage »Sie können gut im Team arbeiten« hatten die Wirtschaftsprüfer PwC und KPMG die besten Ergebnisse. Auch die Aussage »Sie sind preiswert« verbanden die Befragten vor allem mit Wirtschaftsprüfungsgesellschaften: Platz eins ging an Ernst & Young (EY), Platz zwei an KPMG und Platz drei an PwC.

Eine besonders umfassende Studie legte im Frühjahr 2014 das Marktforschungsinstitut Statista in Zusammenarbeit mit dem Wirtschaftsmagazin *brand eins* vor: Befragt wurden 1 426 Partner und Projektleiter von Beratungsfirmen sowie 1 500 Führungskräfte kleiner, mittlerer und großer Firmen, die mit Beratern zusammengearbeitet hatten. Herausgekommen ist eine nach 13 Branchen und 15 Arbeitsbereichen sortierte Bestenliste. Spitzenreiter sind hier McKinsey und BCG: Ihre Dienste werden für alle 13 Branchen empfohlen, allerdings mit Abstrichen McKinsey liegt in den eher technischen Kategorien wie Automotive, Energie, Infrastruktur, Risiko-Management und Logistik vor BCG. Umgekehrt hat BCG die Nase vorn bei Themen wie Marketing, Medien und Konsumgütern. Bain kommt auf insgesamt neun Branchenempfehlungen, schafft es aber nur in der Kategorie Merger & Acquisitions unter die besten fünf. Auffallend: Auf den besten Plätzen finden sich auch viele kleinere Beratungsfirmen: Porsche Consulting zählt in der Kategorie Automotive & Zulieferer zu den besten Adressen, zeb.rolfes.schierenbeck.associates bei Banken, AlixPartners bei Chemie & Pharma, 8.2 Consulting bei Energie & Umwelt, Capgemini Consulting bei Internet & Medien, 4flow bei Transport, Verkehr & Logistik; Management Engineers hängt in der Kategorie Maschinen- & Anlagenbau sogar McKinsey und BCG ab.

Die wichtigste Dimension für dich als Berufseinsteiger können solche Rankings freilich nicht abbilden: das Arbeitsklima. Hilfreicher sind da Erfahrungsberichte auf Karriereplattformen wie zum Beispiel squeaker.net oder kununu.de, wobei auch hier Vorsicht geboten ist: Nicht immer ist klar, wer wirklich hinter den Beiträgen steckt. Unzufriedene posaunen ihre Meinung ja bekanntlich bereitwilliger heraus als Leute, die glücklich sind. Such doch einfach mal ehemalige Berater der jeweiligen Firma auf XING oder LinkedIn und bitte sie freundlich um eine ehrliche Einschätzung Es werden sicherlich nicht alle antworten, aber schließlich waren die Consultants irgendwann alle mal in derselben Situation und hätten sich damals sicherlich auch über Hilfe gefreut.

Bei den großen Strategieberatungen ist es leicht, vor der Bewerbung Berater persönlich kennenzulernen. Fast alle Firmen bieten spezielle Recruiting-Events an oder präsentieren sich auf Bewerbermessen. Kritische Worte wirst du von den Beratern, die sich dort präsentieren, zwar nicht hören, aber einen ersten Eindruck bekommst du allemal.

INTERVIEW

TIPPS VOM MARKTFORSCHER: »FRAGT NACH DER FIRMEN-DNA.«

Frank Höselbarth ist Inhaber der auf Personal- und Markenberatung für Consultingfirmen spezialisierten people+brand agency, Headhunter und Autor verschiedener Bücher über Beratung.

Herr Höselbarth, Sie ermitteln seit elf Jahren, wie bekannt Unternehmensberatungen sind, welchen Ruf sie haben und ob ihr Einsatz das Betriebsergebnis der Firmen tatsächlich verbessert hat. In diesem Jahr hat Porsche Consulting im Gesamtranking McKinsey überholt. Was ist denn da los?

Das hat mich auch stark überrascht. Bis vor wenigen Jahren kannte man Porsche Consulting gar nicht. Die Firma wurde ursprünglich gegründet, um die Zulieferer von Porsche zu beraten. Sie lebt natürlich auch von ihrem Namen, Porsche hat ein sehr gutes Image. In der Kategorie Return-on-Consulting, also der Wertsteigerung, liegt die Firma sogar auf Platz eins.

Das heißt, die Strategien der Berater von Porsche Consulting sind effektiver als die von McKinsey oder BCG?

Bei ihren Kunden haben sie bessere Ergebnisse erzielt, ja. Seit zwei Jahren sehen wir, dass Beratungen, die scharf positioniert sind und sich auf ein Themengebiet spezialisiert haben, McKinsey und BCG in Sachen Wertsteigerung den Rang ablaufen. In der Gesamtwertung spielen diese Firmen oft eine untergeordnete Rolle, weil sie noch zu unbekannt sind. Mit einem unbekannten Namen ist man keine Marke.

Geht der Trend trotzdem zu mittelständischen Beratungen?
Mittelständler werden immer wichtiger, so wie übrigens auch Inhouse-Consulting. Die internen Beratungen wollen wir im nächsten Jahr zum ersten Mal im Ranking berücksichtigen. Trotzdem wird der Markt noch immer von drei Top-Beratungen dominiert: McKinsey, BCG und Bain.

Was ist denn mit Roland Berger?
Roland Berger hat nie zur Spitze gehört, war aber jahrelang die stabile Nummer drei. Das hat sich durch die Fokussierung auf einen möglichen Verkauf geändert. Die Beratung gehört jetzt nicht mehr zur Top-Liga, könnte es aber wieder werden, indem sie sich auf ihre Stärken zurückbesinnt: das europäische Wertesystem und die Restrukturierungskompetenz.

Wie sieht es mit den Wirtschaftsprüfungsgesellschaften aus? PWC, KPMG, Deloitte und EY haben es schon in die Top Ten geschafft. Werden sie weiter aufsteigen können?
Die Big Four der Wirtschaftsprüfer sind die großen Aggressoren im Markt. Von ihnen geht das größte Veränderungspotenzial und der stärkste Veränderungsdruck aus. Sie stellen sich strategisch günstig auf: Sie sind Generalisten, kaufen aber zugleich kleinere, stark spezialisierte Beratungen auf. So können sie alles abdecken.

Dann sind die Wirtschaftsprüfer auch für Berufseinsteiger eine gute Alternative?
Sicherlich sind die Top-Beratungen nach wie vor die erste Adresse für Berufsanfänger, bei ihnen ist die Lernkurve am höchsten. Aber auch bei Spezialisten oder Wirtschaftsprüfern kann ein guter Einstieg gelingen. Mein Tipp ist, sich zuerst die Marke anzusehen. Welche passt am besten? Welche Firmenkultur entspricht meinem Stil?

Das ist aber oft gar nicht so leicht zu erkennen. Nach außen präsentieren sich doch alle gleich.
Das stimmt, oft sieht man das nur in Nuancen. Aber das wird sich ändern. Die Beratungen sind zur Markenbildung gezwungen, sie müssen sich positionieren. Berufsanfängern rate ich, gezielt nachzufragen: Was ist eure DNA? Wofür steht ihr? In dieser Hinsicht ist McKinsey vorbildlich, da weiß man, wo die Reise hingeht: zu Leistungskult und Elitedenken.

In der Kategorie Ruf landet McKinsey aber in Ihrem Ranking nur auf Platz sieben.
McKinsey hat schon immer polarisiert. Die Firma hat glühende Verehrer, aber auch Gegner, fast Hasser. Das ist das Ergebnis der strikten Leistungskultur. Ob man dazugehören und rund um die Uhr arbeiten will, ist eine andere Frage, aber die Marke McKinsey hat sich über Jahrzehnte nicht verändert. Anders etwa bei BCG, dort verwässert die Marke immer mehr.

Wieso das?
Bei BCG ist man zu sehr damit beschäftigt, McKinsey zu kopieren. Die Firma galt mal als Heimat für Querköpfe, für Berater, die hochprofessionell arbeiten, aber auch sehr individuell sind. Dieser Aspekt verschwindet etwas. Zudem ist BCG beim Return-on-Consulting abgestiegen.

Bei beiden Beratungen haben nur Absolventen mit Einser-Zeugnissen eine Chance auf einen Job. Was raten Sie denn allen, die nicht so gute Noten haben?
Sich trotzdem zu bewerben! Der Notendurchschnitt ist doch nur eine Sekundärtugend. Wenn jemand für eine Sache brennt, macht das eine 3,5 im Abi locker wett.

Ratespiel: Welcher Slogan gehört zu wem?

Für was steht ihr? Von Unternehmensberatern kann man erwarten, dass sie auf diese Frage mit einem Satz antworten können. Das tun die meisten auch – ob dich ihre Antwort überzeugt, musst du selbst wissen. Mach den Test mit unserem Slogan-Quiz. Und so geht's: Verbinde mit einem Stift den Markensatz auf der linken Seite mit dem Firmennamen auf der rechten Seite. Ob du richtig liegst, erfährt du auf Seite 213.

1. Shared Ambition, True Results.
2. It's character that creates impact.
3. Everything can be measured and what gets measured gets managed.
4. Shaping the future. Together.
5. Building a better working world.
6. Simple. Fast. Success.
7. Cutting through complexity.
8. High Performance. Delivered.
9. Steering business. Successfully.
10. Transform to the power of digital.
11. Smart Profit Growth.
12. To be the Standard of Excellence.
13. Building relationships, creating value.

Top oder flop

A. Deloitte
B. EY
C. Accenture
D. Harváth & Partners
E. KPMG
F. Roland Berger
G. Capgemini Consulting
H. Bain
I. PWC
J. BCG
K. McKinsey
L. Porsche Consulting
M. Simon-Kucher

Je größer, desto mehr €€€

Unternehmensberater bekommen in der Regel ein monatliches Festgehalt, Bonuszahlungen und Extras wie Firmenhandy, Laptop und Dienstwagen, den man in den meisten Firmen auch privat nutzen darf.

In den unteren Hierarchiestufen spielen Bonuszahlungen noch keine große Rolle. Für Berufseinsteiger macht das feste Gehalt rund 90 Prozent des Jahresgehalts aus. Erst im Laufe der Beraterkarriere sinkt dieser Anteil; mit zunehmender Verantwortung für Projektergebnisse und Projektakquise werden die variablen Bezüge immer wichtiger.

Wie hoch das Festgehalt ist, hängt stark von der Unternehmensgröße ab. Wer mit einem Master als Consultant in einer kleineren Beratungsfirma (500 000 bis eine Million Euro Jahresumsatz) einsteigt, verdient im Schnitt 39 700 Euro brutto im Jahr, Bonuszahlungen und Extras wie Handy und Dienstwagen nicht mitgerechnet. Kollegen derselben Hierarchiestufe in einer großen Beratungsgesellschaft mit mehr als 25 Millionen Euro Umsatz im Jahr verdienen jeden Monat rund 1 000 Euro mehr: circa 51 200 Euro brutto.

Auch in den höheren Hierarchiestufen gibt es laut Bundesverband Deutscher Unternehmensberater eine starke Korrelation zwischen der Höhe des Brutto-Festgehalts und der Größe der Beratungsfirma. In der Umsatzklasse 500 000 bis eine Million Euro verdienen Berater zwei Hierarchiestufen über den Consultants (der BDU nennt sie Senior-Manager) rund 66 000 Euro brutto im Jahr. Bei Consultingfirmen mit mehr als 25 Millionen Euro Jahresumsatz gibt es auf dieser Stufe das 1,6-fache: knapp 107 000 Euro brutto im Jahr, plus Extras. Rechnet man diese dazu, kommt man auf ein Jahresgehalt von 146 000 Euro brutto.

Die variablen Bezüge machen auf dieser Stufe und bei dieser Unternehmensgröße also schon einen Unterschied von etwa 40 000 Euro im Jahr aus. Eine Karrierestufe weiter unten (der BDU nennt sie Manager) bedeuten die variablen Bezüge »nur« einen Unterschied von rund 27 000 Euro jährlich. Beim Sprung auf die nächste Hierarchiestufe erhöht sich also nicht nur das Festgehalt, sondern auch die variablen Bezüge.

Betrachtet man nur das Festgehalt, gibt es laut BDU bei der Beförderung vom Junior-Consultant zum Consultant im Schnitt eine Gehaltserhöhung von rund 20 Prozent. Vom Consultant zum Manager legen die Arbeitgeber noch einmal 35 Prozent drauf. Den größten Gehaltssprung machen Berater, wenn sie es zum Partner schaffen: Dieser Sprung wird durchschnittlich mit einer Gehaltserhöhung von 62 Prozent (!) belohnt.

Rechnet man alles zusammen, also Festgehälter, variable Bezüge und Nebenleistungen, ergeben sich laut BDU im Durchschnitt folgende Jahresbruttogehälter:

In Beratungsunternehmen mit mehr als 25 Millionen Euro Umsatz:
- Partner: 369 000 Euro
- Senior-Manager: 146 000 Euro
- Manager: 107 000 Euro
- Consultant: 63 000 Euro
- Junior-Consultant: 44 000 Euro

In Beratungsunternehmen mit fünf bis 25 Millionen Euro Umsatz:
- Partner: 216 000 Euro
- Manager: 100 000 Euro
- Consultant: 57 000 Euro
- Junior-Consultant: 46 000 Euro

Interessant ist hier: Wer mit einem Bachelorabschluss als Junior Consultant einsteigt, verdient im Schnitt mit allen Extras bei kleineren Beratungsgesellschaften sogar etwas mehr als bei größeren. Erst ab der nächsten Hierarchiestufe – jener der Consultants – können die Löhne der kleineren Firmen nicht mit denen der größeren mithalten. Die Top-Gesellschaften erhöhen schon beim ersten Karrieresprung das Jahresgehalt im Schnitt um 30 Prozent und legen dann bei jedem weiteren Schritt noch einmal stattliche Summen drauf. Generell gilt: Je größer das Unternehmen, desto größer die Gehaltserhöhung.

Achtung: Die hier genannten Zahlen sind nur Mittelwerte. Vor allem bei den Branchenriesen findet man auch Berater, die deutlich mehr verdienen, als diese Tabellen vermuten lassen. Allerdings gibt es auch nicht bei allen Firmen mit Erreichen der nächsten Hierarchiestufe automatisch eine Gehaltserhöhung!

TIPP: Die Entscheidung für oder gegen eine Beratungsfirma sollte man nicht vom Geld abhängig machen. Für Berufsanfänger sind die Gehaltsunterschiede marginal – und ein schlechtes Arbeitsklima kann auch Schmerzensgeld nicht wettmachen.

FAZIT Welche Beratungsfirma ist die Beste? Für Marktforscher ist diese Frage mindestens genauso interessant wie für Bewerber. Was man aus ihren Rankings lernen kann und welche Firmen für welche Fachgebiete besonders zu empfehlen sind, das war das Thema dieses Kapitels. Last but not least geht es auch darum, was Berater so verdienen – und warum die Frage nach dem Gehalt für Berufseinsteiger eigentlich nebensächlich ist.

Jetzt oder nie

4

DER RICHTIGE ZEITPUNKT FÜR DEN EINSTIEG

- Nach dem Bachelor 102
- Nach dem Master 110
- Nach der Promotion 118
- Es geht auch ohne BWL 124

EINLEITUNG WER WEISS, WOHIN ER WILL, SOLLTE AUCH WISSEN, WANN. BEI DEN TOP-BERATUNGEN IST OFT DER ZEITPUNKT DER BEWERBUNG ENTSCHEIDENDER ALS DAS STUDIENFACH.

MÖGLICHE ZEITPUNKTE GIBT ES VIELE – DIREKT NACH DEM BACHELOR ODER DEM MASTER. ODER VIELLEICHT DOCH ERST NACH DER PROMOTION? UND WAS, WENN DU LIEBER NOCH DIE WELTREISE MACHEN WILLST, BEVOR DU DEINEN JOB HEIRATEST?

In seiner Marktstudie zum Beratermarkt 2013/2014 kam der BDU zum Ergebnis, dass berufserfahrene Berater besonders gesucht sind. Von den großen Beratungsgesellschaften mit mehr als zehn Millionen Euro Jahresumsatz gaben 77 Prozent an, in diesem Jahr Senior-Berater einstellen zu wollen, aber »nur« 63 Prozent der Firmen sagten, sie wollten auch Junior-Berater rekrutieren. Kleinere Beratungsfirmen suchen mit 63 Prozent eher Bewerber frisch von der Uni als Einsteiger mit Berufserfahrung (56 Prozent). Von den Firmen mit einem Jahresumsatz von weniger als einer Million Euro wollen 14 Prozent erfahrene Berater und 18 Prozent Uniabsolventen einstellen.

Einig sind sich kleine, mittlere und große Firmen jedoch darin, dass das Fachwissen ihrer Berater immer wichtiger werden wird. Der Aussage »Die Nachfrage der Klienten nach erfahrenen Beratern aus ihrer Branche wird weiter zunehmen« stimmten 84 Prozent der befragten Firmen zu.

Wann sollst du also am besten einsteigen? Die nachfolgenden Erfahrungsberichte zeigen dir die Vor- und Nachteile auf, nach dem Bachelor, Master oder der Promotion einzusteigen – oder ohne BWL-Studium.

Nach dem Bachelor

Mit einem Bachelorabschluss ins Beraterleben zu starten, scheint ziemlich attraktiv. Wer würde nicht gerne mit Anfang 20 um die Welt jetten und dafür auch noch fürstlich bezahlt werden?

Bei den meisten wartet niemand zu Hause, Überstunden und Wochenendarbeit – klar, warum nicht? Die Herausforderung liegt darin, sich gegen die vielen Bewerber mit Masterabschluss durchzusetzen. Im Job sollen sie schließlich dieselben Aufgaben übernehmen – auch auf der Visitenkarte ist kein Unterschied erkennbar. »Für Bewerber mit Bachelorabschluss liegt die Latte genauso hoch wie für Bewerber, die einen Master haben«, sagt McKinsey-Recruiting-Chef Thomas Fritz. »Diese Anforderungen zu erfüllen ist nicht leicht. Wir stellen jedes Jahr etwa zehn bis 20 Bachelorabsolventen ein. Das sind dann Top-Studenten, die uns genauso überzeugt haben wie unsere Neueinsteiger mit Master.«

Zehn bis 20 Neueinsteiger mit Bachelorabschluss? Wie klein diese Zahl ist, wird deutlich, wenn man sich die Gesamtzahl der Arbeitsverträge ansieht, die McKinsey jedes Jahr vergibt: Es sind mehr als 200. Bei Bain und BCG sieht es ähnlich aus: Fünf bis zehn Prozent der Neueinsteiger haben einen Bachelorabschluss. Wie viele Bewerber wo mit welchen Abschlüssen eingestellt werden, siehst du in der Tabelle auf S. 45.

In den großen Strategieberatungen gelten beim Einstellungstest für Bachelorstudenten keine geringeren Anforderungen als für Absolventen mit einem höheren akademischen Abschluss.

Dass das Interesse an Menschen mit Bachelorabschlüssen eher gering ist, hat vor allem mit der fehlenden Lebenserfahrung zu tun. »Den meisten Bachelorstudenten tut es gut, sich noch einmal zwei Jahre Zeit zu gönnen«, sagt Fritz. »In vielen Berufen ist es sinnvoll, möglichst früh einzusteigen, aber für uns kann es nicht das Ziel sein, dass unsere Berater immer jünger werden.«

Berater müssen von den Kunden ernst genommen werden, schließlich geht es - klar - ums Beraten. Wer als 22-Jähriger, frisch aus dem Bachelorstudiengang kommend, einem 53 Jahre alten Manager mit Doktortitel einen Rat geben will, braucht gute Argumente, ein gesundes Selbstvertrauen - und »ein überzeugendes Auftreten«, wie Fritz sagt. Das sei aber ohnehin eine der Grundvoraussetzungen, um bei McKinsey als Junior-Fellow eingestellt zu werden. Außerdem arbeite man ja grundsätzlich im Team: »Wir schicken keinen Junior-Fellow allein zu Klienten.«

Selma Stern hat den Schritt von der Bachelorstudentin zur Beraterin bei der Boston Consulting Group geschafft. Wie, das erzählt sie hier:

ERFAHRUNGSBERICHT
»DIE EIGENE MEINUNG WIRD GEHÖRT, EGAL, WIE JUNG MAN IST.«

Selma Stern, 28, arbeitet seit November 2008 für BCG.

»Als ich mit dem Studium angefangen habe, wusste ich gar nicht, wie eine Unternehmensberatung arbeitet. Ich habe an der London School of Economics Internationale Beziehungen studiert und wollte später in einer internationalen Organisation arbeiten. Erst durch die Werbung auf dem Campus wurde ich auf die Boston Consulting Group aufmerksam. 2007 bewarb ich mich für ein Praktikum und wurde zum Auswahltag eingeladen. Ich wusste, dass in den Interviews Fallstudien bearbeitet werden, und habe deshalb

vorher mit Freunden geübt. Das hat sich ausgezahlt: Die drei Gespräche liefen gut, und ich bekam die Zusage für ein Praktikum in München. Vom ersten Tag an war ich als Praktikantin voll in das Team integriert. Praktikanten heißen bei BCG Visiting Associate, das trifft es ganz gut: Man ist Berater auf Zeit. Mein erstes Projekt war ein sehr strategisches: Es ging um eine Versicherung, und meine Aufgabe war es, den Markt und die Wettbewerber zu recherchieren. Im zweiten Projekt musste ich für ein Energieunternehmen verschiedene Daten analysieren – für eine Nicht-Wirtschaftswissenschaftlerin wie mich keine leichte Aufgabe. Aber am Ende waren meine Vorgesetzten so zufrieden mit mir, dass sie mir ein Jobangebot machten. Damit hatte ich nicht gerechnet; ich hatte schon die Zusage für das nächste Praktikum in Washington, D.C. Zum Glück musste ich mich nicht gleich entscheiden, BCG gab mir mehrere Monate Zeit, über das Angebot nachzudenken.
Ich machte also erst mal das Praktikum in den USA und meinen Bachelorabschluss in London – und dann fing ich bei BCG an. Meine Kommilitonen aus London sind alle direkt ins Berufsleben eingestiegen. Dass in Deutschland die meisten erst noch einen Master dranhängen, war mir gar nicht bewusst. In den ersten vier Wochen als Associate durchlief ich verschiedene Trainings, darunter einen zweiwöchigen Crashkurs in BWL. Was man sonst noch an wirtschaftswissenschaftlichem Wissen braucht, lernt man im Job. Ich hatte nie das Gefühl, einen Nachteil zu haben. Als ich angefangen habe, war ich 23 Jahre alt. Für viele passt das in das vorherrschende Bild vom jungen Beraterteam, das zu Unternehmen fährt und keine Ahnung hat – doch das ist Unsinn. Die Teams sind immer gemischt, und jeder

hat eine spezielle Rolle. Mittlerweile bin ich Consultant, also auf der nächsthöheren Stufe, und habe mehr und intensiveren Kundenkontakt. Aber schon als Associate habe ich die Erfahrung gemacht, dass man mit guten Argumenten auch von Leuten ernst genommen wird, die doppelt so alt sind wie man selbst.

Bei BCG ist der Master nach drei Jahren Pflicht. Ich entschied mich für die Columbia University in New York und habe währenddessen Praktika in anderen Berufen gemacht. Dass es mich nun wieder zurück zu BCG gezogen hat, dafür gibt es vor allem drei Gründe: die flachen Hierarchien, das inspirierende menschliche Umfeld und die Möglichkeit, sich schnell persönlich und fachlich weiterbilden zu können. Natürlich treffen auch bei BCG die Vorgesetzten die Entscheidungen, aber die eigene Meinung wird gehört, egal, wie jung man ist. Das habe ich in anderen Organisationen vermisst. Außerdem lerne ich als Consultant ständig neue Leute kennen und bin viel unterwegs – für ein Projekt war ich beispielsweise gleich in sechs verschiedenen EU-Ländern. Von Montag bis Donnerstag bin ich mit meinem Team bei Kunden, freitags arbeite ich in meinem Heimatbüro in Berlin oder von zu Hause aus. Bei der Wahl der Projekte hat man ein Mitspracherecht, aber es kommt natürlich auch auf Angebot und Nachfrage an. Ich habe jetzt viele Projekte im Bereich Tourismus und Konsumgüter gemacht, diese Themen gefallen mir sehr gut.

Dass man von den Projektleitern regelmäßig Feedback kriegt, finde ich eigentlich sehr angenehm. So weiß man immer, wo man steht. Natürlich kann man einwenden, dass keine Bewertung hundertprozentig objektiv ist, aber die Kollegen nehmen sich sehr viel Zeit dafür und

Die einzige
Konstante:

Es ist immer
anders.

arbeiten einen detaillierten Kriterienkatalog ab – das ist wirklich fair.

DIESE FALLSTUDIE MUSSTE ICH LÖSEN: Wie viel würden Sie als Investorin für das Riesenrad London Eye zahlen?

MEIN LÖSUNGSWEG: Ich weiß nicht mehr genau, welche Summe ich am Ende genannt habe. Auf jeden Fall habe ich erst mal überlegt: Was kostet ein Ticket? Wie lange dauert eine Rundfahrt? Wie ist das Riesenrad ausgelastet?

MEINE TIPPS FÜR DEN AUSWAHLTAG: Bei den Fallstudien geht es nicht um Wissen oder BWL, sondern darum, Probleme logisch zu lösen. Das kann man trainieren – und sollte es auch unbedingt. Außerdem rate ich jedem, sich mit möglichst vielen Beratern zu unterhalten und erst mal herauszufinden, ob der Job überhaupt zu einem passt.«

EINSTIEG MIT BACHELOR: DIE VOR- UND NACHTEILE IM ÜBERBLICK

Pro

▶ Du hast nichts zu verlieren. Sich zu bewerben, kostet höchstens zwei Stunden Zeit, und wenn du eine Absage kassierst, kannst du es nach dem Master noch einmal versuchen – und hast dann bessere Chancen, weil du schon weißt, wie das Auswahlverfahren läuft.

- Bachelorabsolventen haben bei den großen Strategieberatungen in der Regel nach drei Jahren die Möglichkeit, sich für den Master für ein Jahr freistellen zu lassen, und bekommen im besten Fall in diesem Jahr sogar das Gehalt weitergezahlt.
- Falls du merkst, dass der Beraterberuf doch nichts für dich ist, kannst du nach zwei, drei Jahren problemlos umsatteln, indem du einfach einen Master in einer anderen Fachrichtung dranhängst. Ein paar Jahre Berufserfahrung als Berater machen sich in jedem Lebenslauf gut und können auch in anderen Branchen Türen öffnen.

Contra

- Du bist Anfang 20 und willst schon jetzt auf WG-Partys, Happy-Hour-Hopping, Unisport und Backpacker-Trips verzichten. Ehrlich?
- Die Zeit zwischen Bachelor und Master bietet sich wunderbar für ein Gap Year an. Wie wäre es mit einer längeren Reise, Praktika oder ehrenamtlichen Einsätzen?
- »Den Master mach ich dann später und krieg auch noch Geld dafür.« Klar, das klingt super. Aber mit einem Jahr Auszeit ist es nicht getan. Nach den zwölf freien Monaten heißt es arbeiten und nach Feierabend studieren – das ist eine echte Herausforderung. Wenn du also sicher bist, dass du einen Master machen willst: Mach ihn doch einfach jetzt.
- 50-Jährige lassen sich nicht gerne etwas von 22-Jährigen sagen. Bist du sicher, dass du dich so verkaufen kannst, dass auch Abteilungsleiter auf dich hören?

Nach dem Master

Der Einstieg nach dem Masterstudium ist der klassische Weg in die Beratung. Jetzt stellt sich eigentlich nur noch eine Frage: Willst du das wirklich? Wenn ja, dann ist jetzt der richtige Zeitpunkt, um die Bewerbung abzuschicken.

Idealerweise hast du schon ein Praktikum in einer Unternehmensberatung absolviert. Falls nicht, kannst du das jetzt nachholen – und hast im besten Fall direkt im Anschluss einen Job in der Tasche. So erging es zum Beispiel Christiane Bergner. Wie ihr der Sprung in die Beratung geglückt ist, erzählt sie hier:

ERFAHRUNGSBERICHT
»MEIN BWL-STUDIUM WÄRE NICHT NÖTIG GEWESEN.«

Christiane Bergner, 27, arbeitet seit Mai 2013 für McKinsey.

»Ich bin im vierten Semester meines Bachelorstudiums erstmals auf McKinsey aufmerksam geworden. Man konnte sich auf ein Event in Kitzbühl bewerben: drei Tage an einer Case Study arbeiten, einen Tag Snowboard fahren – Anreise und Hotel bezahlt; für mich als begeisterte Snowboardfahrerin ein gewisser Anreiz. Ich habe Romanistik im Hauptfach und BWL im Nebenfach studiert, Unternehmensberaterin hatte ich als Beruf gar nicht im Sinn. Aber da ausdrücklich

auch Geisteswissenschaftler willkommen waren, schickte ich einfach meinen Lebenslauf hin – und es hat geklappt.
Die vier Tage waren toll. Wir waren etwa 30 Studenten, die alle einen interessanten Werdegang hatten. Auch die Berater von McKinsey waren beeindruckende Menschen und in ihrem Umgang herzlich und offen. Nach dem Event stand für mich fest, dass ich zumindest ein Praktikum dort machen möchte. Zunächst habe ich aber erst einmal mein Studium beendet und verschiedene Praktika in anderen Branchen gemacht, zum Beispiel bei BMW und einem Berliner Startup. Nach dem Bachelorabschluss direkt in den Beruf einzusteigen erschien mir zu früh. So habe ich mir nach meinem Abschluss eine Auszeit von einem Jahr gegönnt und bin viel gereist. Dann habe ich mich für ein Masterstudium in England entschieden, im Fach Business and Management – ein nicht-konsekutiver BWL-Studiengang, in dem man keine Vorkenntnisse in BWL benötigt, also eine Art BWL für Nicht-BWLer. Im Rückblick wäre das nicht unbedingt nötig gewesen, zumindest nicht für den Job bei McKinsey. Ich kenne viele Kollegen, die hier den dreiwöchigen Mini-MBA gemacht haben, einen Crashkurs, den McKinsey für alle Nicht-Wirtschaftswissenschaftler anbietet.

Generell gilt: Wenn in einem speziellen Thema Kenntnisse fehlen, kann man sie bei McKinsey erlernen. Es werden regelmäßig Schulungen angeboten, zum Beispiel zu Tabellen- oder Folienprogrammen, genauso wie zu fachlichen Themen wie Marketing oder auch Kommunikations- und Präsentationstechniken. In den ersten zwei Jahren hat man insgesamt bis zu neun Wochen Trainingseinheiten. Außerdem kann man online verschiedene Kurse belegen. Zusätzlich gibt es

unser weltweites Support-Team, das man 24 Stunden am Tag anrufen kann – irgendwo ist immer jemand wach.
Auf das Praktikum bei McKinsey habe ich mich erst nach Beendigung meines Masterstudiums beworben. Der Bewerbungsprozess ist für Berufsanfänger und Praktikanten mit abgeschlossenem Studium gleich: Man muss fünf Interviews und einen Analytiktest bestehen. Ich bekam den Kontakt zu einem anderen Bewerber, der einen Partner zum Üben von Fallstudien suchte. Er lebte damals gerade in Singapur, und so haben wir uns per Skype abgefragt. Fallstudien durchzuspielen ist noch einmal etwas ganz anderes, als sie nur zu lesen. Diese Simulation hat mir sehr geholfen, und ich kann sie jedem nur empfehlen.
Das Datum und die Stadt des Auswahltags konnte ich selbst wählen. Wie der Tag abläuft, wurde vorher ganz offen kommuniziert: Es gibt drei Interviews und den Analytiktest, dann eine Mittagspause und, wenn es gut läuft, noch einmal zwei Interviews. Nach den ersten zwei Gesprächen hatte ich ein gutes Gefühl, beim dritten verwechselte ich Millionen mit Milliarden. ›Da stimmt aber etwas nicht‹, sagte der Interviewer. Zum Glück habe ich dann noch die Kurve gekriegt.
Wir waren an diesem Tag zwölf Bewerber, für neun war vorzeitig Schluss. Die Atmosphäre war aber so nett, dass die meisten noch geblieben sind, um abzuwarten, ob wir drei es schaffen. Tatsächlich bekam ich im letzten Gespräch ein Jobangebot. Trotzdem entschied ich mich erst für ein Praktikum – ich wollte ganz sicher sein, ob das der richtige Beruf für mich ist. Außerdem hatte ich drei Monate später schon eine Asienreise gebucht.

Das Praktikum begann mit drei Orientierungstagen. Uns wurden alle Abteilungen vorgestellt, jeder bekam einen Laptop und ein Smartphone. Am dritten Tag, einem Freitag, bekam ich eine E-Mail von meinem Projektleiter: >Wir freuen uns, dass du uns bei unserer Studie unterstützt. Wir sehen uns am Dienstag in Rio de Janeiro.< Von meinen zehn Praktikumswochen verbrachte ich keinen Tag in Berlin, stattdessen reiste ich mit meinem Team durch Brasilien, Peru, Chile und Argentinien. Das hört sich toll an und hat auch viel Spaß gemacht, allerdings haben wir hart gearbeitet. Unter der Woche habe ich kaum gemerkt, ob ich jetzt in Deutschland oder Brasilien bin. Am Wochenende jedoch umso mehr, da ich statt des eisigen Winters in Deutschland die schönen Strände Brasiliens genießen konnte.

Wir waren zu dritt: ein Projektleiter, ein Associate und ich. Regelmäßig haben wir unsere Ergebnisse mit dem für das Projekt zuständigen Partner und dem Associate Principal diskutiert. Zu meinen Aufgaben gehörte es zum Beispiel, Mitarbeiter des Konzerns zu interviewen, Workshops zu organisieren und zu moderieren und Tabellen-Modelle aufzusetzen. Wie man das macht, lernte ich erst vor Ort. Seither weiß ich auch die interne Support-Hotline sehr zu schätzen. Am Ende des Projekts bekam ich von meinem Team sehr positives Feedback – und ein erneutes Jobangebot. Aber ob die Arbeit in Deutschland auch so viel Spaß machen würde? Da war ich mir nicht so sicher. Andererseits gab es keinen Grund, es nicht auszuprobieren. Das Anfangsdatum konnte ich selbst bestimmen, ebenso in welchem McKinsey-Office ich arbeiten wollte; also sprach nichts gegen die Asienreise, und genug Zeit, um eine Wohnung zu suchen blieb auch noch.

Die Arbeit als festangestellte Beraterin begann wieder mit einer Orientierungsphase, diesmal fünf Tage lang. Da man bei den praktischen Übungen innerhalb der Orientierungstage nach Erfahrungslevel eingeteilt wird, wiederholten sich die Erklärungen kaum. Wenn man wie ich als Generalistin einsteigt, bekommt man das erste Projekt von der Staffing-Abteilung zugewiesen. Langfristig möchte ich mich gerne auf ein Themengebiet spezialisieren, aber im Moment genieße ich es noch, in verschiedene Bereiche hineinzuschnuppern. Das ist in den ersten zwei Jahren auch ausdrücklich erwünscht.
Mein erstes Projekt war in München, die nächsten drei aber alle in Berlin, der Stadt meines Heimatbüros. Seit einem halben Jahr fahre ich also jeden Tag um kurz nach 8 Uhr mit dem Fahrrad zur Arbeit! Derzeit habe ich das Glück, mit einer Kollegin zusammenzuarbeiten, die sehr viel Wert auf Work-Life-Balance legt. Sie motiviert mich, private Termine unter der Woche einzuhalten. Wir haben ein sehr enges Zeitmanagement während des Tages und arbeiten strukturiert und effizient. Jeden Morgen legen wir gemeinsam fest, welche Aufgaben bis zum Ende des Tages erledigt sein sollen. So schaffe ich es zum Beispiel, abends in die Philharmonie zu gehen. Feste wöchentliche Termine zu haben, beispielsweise jeden Dienstag um 19 Uhr im Chor zu singen, ist als Beraterin allerdings schwierig. Normalerweise ist man unter der Woche in unterschiedlichen Städten unterwegs. Zeit, intensiv seinen Hobbys nachzugehen, bietet vor allem das >Take-Time<-Programm: Jedes Jahr hat man bei McKinsey die Möglichkeit, bis zu zwei Monate Auszeit zu beantragen, also rund 45 Urlaubstage extra. Einen Monat habe ich schon angemeldet.

DIESE FALLSTUDIE MUSSTE ICH LÖSEN: Wie viel Umsatz macht eine Tankstelle in den USA im Schnitt pro Monat?

MEIN LÖSUNGSWEG: Ich habe zunächst überlegt, wie viele Liter Benzin in den USA wohl täglich verbraucht werden: Wie viele Amerikaner gibt es? Wie viele haben einen Führerschein? Wie viele haben ein Auto, und wie viele Kilometer fahren sie damit jeden Tag? Außerdem sollte man Lieferwagen berücksichtigen und eventuell auch Flugzeuge, die müssen ja auch irgendwoher ihren Sprit bekommen. Welche Zahl ich am Ende herausbekommen habe, weiß ich nicht mehr – es kann gut sein, dass ich völlig danebenlag. Aber darum geht es auch gar nicht. Interviewer wollen sehen, ob man auf dem richtigen Weg ist und die richtigen Faktoren berücksichtigt.

MEINE TIPPS FÜR DEN AUSWAHLTAG: Ich empfehle jedem, sich einen Partner zum Üben der Fallstudien zu suchen. Wenn man die Aufgaben in einem Buch liest, denkt man bei den Lösungswegen leicht: Ja, klar, so hätte ich das auch gemacht. Jedoch jemandem gegenüberzusitzen und unter Zeitdruck die richtigen Worte finden zu müssen, ist etwas ganz anderes. Außerdem habe ich Kopfrechnen geübt. Im Internet gibt es verschiedene Seiten, auf denen man Aufgaben gestellt bekommt und dabei die Zeit stoppen kann.«

Das Kölner Startup PrepLounge bietet auf seiner Internetseite gratis Matheaufgaben an, die online unter Zeitdruck gelöst werden können: www.preplounge.com/de/mental-math.php

Fernando Martinelli, der Gründer der Plattform, war selbst Berater bei Bain. Zusammen mit vier Mitstreitern hat er ein Portal eigens für Bewerber bei Unternehmensberatungen aufgebaut. Auf der Seite kann man sich mit anderen Bewerbern zum Üben von Fallstudien verabreden oder gegen Gebühr ein Übungsinterview mit ehemaligen Beratern buchen.

Die Vor- und Nachteile im Überblick

PRO Worauf wartest du noch? Wenn du keine reichen Eltern oder im Lotto gewonnen hast, musst du dir jetzt ohnehin einen Job suchen – also probier es doch einfach!

CONTRA Der Spruch »Ich mache das doch nur zwei Jahre« ist gelogen. Wenn du jetzt einsteigst, wird es dir schwerfallen, in ein paar Jahren den Absprung zu finden: Es wird nur wenige Firmen geben, die dir das Gehalt bieten können, das du dann gewohnt sein wirst.

Nach der Promotion

Ein Doktortitel öffnet viele Türen, auch zu Strategieberatungen. In jedem Beruf sind Menschen willkommen, die Ahnung haben – und zwar am Besten in einem Feld, auf dem sich andere nicht so gut auskennen.

Ganz zu exotisch sollte das Fachgebiet dann aber auch nicht sein: Wer in Filmwissenschaft über *Die Simpsons* promoviert hat, beeindruckt damit sicherlich auch Unternehmensberater, im Auswahlprozess dürfte das aber kaum Vorteile bringen.

Die meisten Berater mit Doktortitel haben ihre Promotion erst nach dem Berufseinstieg begonnen. Die Zahl der Neueinsteiger mit Promotion ist in den meisten Beratungsfirmen ähnlich niedrig wie die der Bachelorabsolventen: zwischen zehn und 20 Prozent. Auffallend viele promovierte Berater stellt BCG ein: Der Anteil der Neueinsteiger mit Doktortitel liegt hier bei 26 Prozent.

Der tatsächliche Anteil der promovierten Berater ist allerdings deutlich höher, denn die großen Strategieberatungen bieten Consultants mit Diplom oder Master an, sich nach zwei Jahren für ein Jahr oder länger für eine Promotion oder einen MBA freistellen zu lassen – teilweise bei vollem Gehalt. Finanziell lohnt es sich also, schon vor Fertigstellung der Doktorarbeit einen Arbeitsvertrag zu unterschreiben. Berater, die berufsbegleitend promovieren, können zudem auf interne Datenbanken zugreifen oder schnell mal einen Kollegen mit dem entsprechenden Fachwissen um Rat fragen – ein Vorteil, den man an der Universität oft nicht hat. Allerdings ist es auch eine Herausforderung, Doktorarbeit und Job unter einen Hut zu bringen. In einem Jahr wird schließlich niemand mit der Promotion fertig. Sobald der Leave vorbei ist, heißt es: Zähne zusammenbeißen.

Doktoranden ohne Arbeitsvertrag können es da geruhsamer angehen, sie müssen sich vor niemandem rechtfertigen und können sich in aller Ruhe so viel Spezialwissen aneignen, wie sie wollen – zumindest so lange das Geld reicht. Stefan Gutberlet hat sich erst nach der Promotion als Berater beworben. Warum, das erzählt er hier:

ERFAHRUNGSBERICHT
»BEIM JOBINTERVIEW AUF AUGENHÖHE DISKUTIEREN.«

Dr. Stefan Gutberlet, 29, ist Senior-Berater und Automobilexperte bei Roland Berger Strategy Consultants.

»Ich habe mich erst nach Abschluss meiner Promotion bei Roland Berger beworben, obwohl ich dort schon sechs Jahre zuvor ein Praktikum gemacht hatte. Damals kam ein direkter Berufseinstieg für mich noch nicht infrage: Nach meinem Abschluss als Diplomkaufmann wollte ich meine Doktorarbeit schreiben, ohne von einem Unternehmen abhängig zu sein, und habe mich deshalb gar nicht weiter über den Direkteinstieg und die Möglichkeit einer Promotion bei Roland Berger informiert. Rückblickend glaube ich jedoch, dass auch dieser Weg durchaus seine Vorteile bietet; nicht primär der finanziellen Förderung wegen, sondern weil man von den Erfahrungen der Kollegen profitieren kann. Wer bei Roland Berger berufsbegleitend promoviert, wird in allen Belangen unterstützt – als ›Einzelkämpfer‹ an der Uni hat man es da deutlich schwerer. Die Promotion an sich bereue ich jedoch nicht. Es ist generell von Vorteil, sich in einem bestimmten Fachgebiet sehr gut auszukennen.

Den Kontakt zu den Kollegen von Roland Berger habe ich nach meinem Praktikum gehalten. Mir ist das leichtgefallen, da ich mich mit vielen sehr gut verstanden habe. Wir haben uns also gegenseitig auf dem Laufenden gehalten und arbeiten nun teilweise wieder zusammen. Die Spekulationen über einen Verkauf der Firma haben mich nicht weiter beunruhigt, Schlagzeilen interessieren mich weniger als die Arbeitsatmosphäre vor Ort – und die finde ich bei Roland Berger besonders angenehm. Wenn ich bei einem Projekt auf Expertenwissen von Kollegen zurückgreifen möchte, bekomme ich jederzeit Unterstützung.

Weil ich vor meinem Einstieg bei Roland Berger neben meiner Promotion schon gearbeitet habe, durchlief ich das Bewerbungsverfahren für Einsteiger mit Berufserfahrung: Ich hatte an zwei Tagen insgesamt vier Interviews mit Partnern aus dem Automotive Competence Center von Roland Berger. Ich hatte das Gefühl, dass wir auf Augenhöhe diskutieren konnten, die Gespräche haben mir richtig Spaß gemacht. Die Zusage für den Job habe ich am Abend des zweiten Interviewtags bekommen.

Ich bin direkt als Senior-Consultant eingestiegen. Mein erster Arbeitstag begann vormittags mit einer Einführung in die IT, einer Vorstellungsrunde im Team und einem Gespräch mit meinem Mentor über unsere gegenseitigen Vorstellungen und Ziele der Zusammenarbeit. Am Nachmittag fing schon die Arbeit an meinem ersten Projekt an. Üblicherweise sind pro Projekt mehrere Leute im Team, meistens ist jeder dabei für einen einzelnen Bereich des Projektes zuständig. Auch als neues Mitglied im Team trägt man dabei schon Verantwortung gegenüber Kunden.

Meine bisherige Berufserfahrung hat dazu beigetragen, dass ich mich schnell daran gewöhnen konnte, vier Tage pro Woche aus dem Koffer zu leben. Ich musste schon für meine Promotion hart arbeiten. Die Arbeit als Unternehmensberater macht mir viel Spaß – so vergeht die Zeit wie im Flug.

DIESE FALLSTUDIE MUSSTE ICH LÖSEN: Ihr Klient will auf dem chinesischen Markt ein Nutzfahrzeug einführen. Zu welcher Vertriebsstrategie raten Sie? Wie sollte ein Händlernetz aussehen?

MEIN LÖSUNGSWEG: In China müssen die regionalen Gegebenheiten, etwa der Unterschied der Ostküste zum Rest des Landes, berücksichtigt werden. In den chinesischen Ballungszentren gibt es viele Händler, in ländlichen Gebieten ist die Händlerdichte sehr niedrig. Der Aufbau eines Händlernetzes ist also sehr aufwändig und investitionsintensiv. Deshalb ist es sinnvoller, auf einem möglicherweise bestehenden Händlernetzwerk oder auf bestehenden Partnern aufzubauen, anstatt ein neues Netzwerk zu schaffen oder neue Partner zu suchen. Das Händlernetz sollte die Markenkernwerte widerspiegeln, aber eine vollständige Übertragung der Anforderungen aus Europa ist häufig nicht zielführend. Im Gespräch habe ich das natürlich deutlich ausführlicher erklärt und auch mit Zahlen belegt. Weil ich schon in China gearbeitet habe, kannte ich mich zum Glück gut aus.

MEINE TIPPS FÜR DEN AUSWAHLTAG: Man kann sich nicht hundertprozentig vorbereiten. Es geht eher darum, den Fall analytisch und sehr strukturiert zu bearbeiten. Spezifisches Fachwissen ist natürlich von großem Vorteil. Verschiedene

Case Studies im Vorfeld zu üben führt zu Routine und Sicherheit. Aber es hilft nicht, Hunderte Fallstudien durchzuspielen, wenn man die Grundsystematik nicht verstanden hat. Letztendlich sollte man bei allen Herausforderungen des Auswahlgesprächs nicht die eigene Authentizität aufgeben.«

Die Vor- und Nachteile im Überblick

PRO Du hast schon ein Fachgebiet und weißt im besten Fall mehr als andere. Du kannst Kunden auf Augenhöhe begegnen.

Du steigst auf einer höheren Hierarchieebene ein, bekommst ein höheres Gehalt und trägst mehr Verantwortung.

CONTRA Du bist vermutlich schon etwas älter. Hast du jetzt wirklich noch Lust auf ein Leben, das sich zwischen Hotelzimmern, fremden Büros und Flughäfen abspielt?

Je länger die Promotion dauert und je weniger Berufserfahrung du nebenbei sammelst, desto schwieriger wird der Einstieg in die Beraterbranche.

Es geht auch ohne BWL

Die großen Strategieberatungen sind stolz auf ihren hohen Anteil an Exoten. Egal, ob man Recruiter von Roland Berger, McKinsey oder BCG fragt, bei allen heißt es, die Hälfte der Neueinsteiger habe »einen nichtwirtschaftswissenschaftlichen Studienhintergrund«.

Da ist dann von interdisziplinären Teams die Rede, von der »Kombination unterschiedlicher Perspektiven und Erfahrungen« und »besonders innovativen Lösungen«, wie Carsten Baumgärtner, Partner und Verantwortlicher für das Recruiting bei BCG, es so schön formuliert. Aber wie exotisch sind die Exoten? ◆ Wenn man ehrlich ist, so exotisch wie eine Cashewnuss im Studentenfutter. Hinter dem Begriff verbergen sich meist Ingenieure, Informatiker, Naturwissenschaftler. Zwar verirren sich auch Philosophen, Sozialpädagogen oder Musikwissenschaftler hier und da mal in die Beratung, aber das sind dann wirklich »exotische« Einzelfälle – die meist schon nebenher ein Startup gegründet oder zumindest den Kartenverkauf eines Kleintheaters neu organisiert haben. Kurz: Wer gar keine Erfahrung in der Wirtschaft vorzuweisen hat, kann eine Beraterkarriere vergessen, Exotenstatus hin oder her.

Denn auch von Nicht-BWLern wird erwartet, dass sie wirtschaftliche Zusammenhänge verstehen und zum Beispiel eine Gewinn-und-Verlust-Rechnung draufhaben. Ohne diese Basics würden Bewerber auch kaum die Fallstudien-Interviews überstehen. Allerdings lassen sich die meisten Aufgaben mit ein we-

◆ Exoten = Absolventen, die etwas anderes als Wirtschaftswissenschaften studiert haben.

nig Übung im Kopfrechnen meistern. Vor den Interviews BWL-Grundlagen zu büffeln kann man sich also sparen - zumal Neueinsteiger in den ersten Wochen ohnehin ein entsprechendes Training durchlaufen: Bei McKinsey absolvieren alle Nicht-Wirtschaftswissenschaftler ein dreiwöchiges Mini-MBA-Training in Grundlagen der Betriebswirtschaft, des Marketings, Steuerrechts und der Marktanalyse. Auch bei BCG werden Exoten zum Beispiel in Kostenrechnung oder Bilanzanalyse geschult, bevor sie in einem Projektteam mitarbeiten. Ob es am Auswahltag für Kandidaten ohne BWL- oder VWL-Studium einen Exotenbonus gibt, hängt immer vom einzelnen Recruiter ab.

Der Lebenslauf von Unternehmensberaterin Bettina Fußbroich könnte exotischer kaum sein: Sie hat über Darmkrebs promoviert. Wie ihr der Einstieg in die Branche gelungen ist und warum sie den Schritt wieder wagen würde, erzählt sie hier:

ERFAHRUNGSBERICHT

»UNTERNEHMENSBERATER MUSS JEDER VON DER PIKE AUF LERNEN.«

Dr. Bettina Fußbroich, 31, arbeitet seit Oktober 2011 bei Bain & Company.

»Ich bin Biologin und habe am Deutschen Krebsforschungszentrum in Heidelberg über eine mögliche Therapie für Darmkrebs promoviert. Als Forscherin geht man in die Tiefe und arbeitet an hochspeziellen Fragen. Das ist spannend, aber mich reizte der Gedanke, in eine Arbeitswelt einzutauchen, in der immer wieder neue, andersartige Fragestellungen aufkommen. Auch die Zukunftsperspektive spielte eine Rolle, denn in der Wissenschaft hätte ich allenfalls befristete Stellen bekommen. Um herauszufinden, ob ich mich in die Denkweise der Beraterbranche hineinversetzen kann, habe ich neben meiner Promotion per Fernstudium für das BWL-Vordiplom gelernt - immer freitags im Zug, wenn ich zu

EXOT
Unternehmensberatungen

=

CASHEW
Studentenfutter

meinem jetzigen Mann gefahren bin. Außerdem habe ich an mehreren Recruiting-Events von Unternehmensberatungen teilgenommen, um mir ein Bild über die Arbeit und die Besonderheiten der verschiedenen Firmen zu machen.
Die positive Atmosphäre in den Bewerbungsgesprächen hat mich erst mal sehr überrascht. Alle waren ähnlich: Die Auswahlrunden finden an ein oder zwei Tagen statt, man hat mehrere Gespräche mit jeweils einem Berater, bespricht die persönliche Motivation und bearbeitet eine Fallstudie. Bei manchen Beratungen gab es auch noch einen schriftlichen Test. Positiv fand ich bei Bain, dass sie auf solche Tests verzichten und man schon am Ende des Auswahltags erfährt, ob man es geschafft hat.
Für Bain habe ich mich entschieden, weil mir die unternehmerische Kultur gut gefallen hat: Unter den Top-Managementberatungen hat Bain die Marktposition des Angreifers. Die »Bainies«, die ich am Recruiting-Tag kennengelernt habe, erschienen mir als smarte und greifbare Menschen, offen, freundlich und sehr leidenschaftlich – für ihren Beruf und das Leben gleichermaßen. Das hat sich im Alltag dann auch so bestätigt: Alle ziehen an einem Strang, um das beste Ergebnis für die Kunden zu erzielen.
Der Einstieg bei Bain war eine große Umstellung. Ich musste mich immer wieder durchbeißen, vor allem, da ich mit meiner Promotion eine Stufe höher – also als Consultant – eingestiegen bin. Unternehmensberater ist ein Job, den jeder von der Pike auf lernen muss, egal, welchen Hintergrund er mitbringt. Doch ich habe enorm viel Unterstützung erhalten: Ich habe zahlreiche Trainings durchlaufen, und meine Kollegen waren unglaublich hilfsbereit.

Meine Ausbildung hilft mir im Beratungsalltag auch über mein Fachwissen bei speziellen Projekten hinaus: Biologen können sehr gut in Netzwerken denken und so Zusammenhänge zwischen verschiedenen Faktoren analysieren. Als sogenannte Exotin kann ich eher einen Schritt zurücktreten und Lösungen kritisch hinterfragen. Mir gefällt besonders, dass ich nicht mehr als Einzelkämpferin arbeite, sondern mich ständig mit meinen Kollegen aus aller Welt austausche. Neben der formellen Beurteilung am Ende eines Projekts gibt es auch immer die Möglichkeit, bei einem Kaffee mit dem Teamleiter über Punkte zu sprechen, die gut laufen oder die ich konkret verbessern kann. So habe ich das Gefühl, an den richtigen Fragestellungen zu arbeiten, schnell zu lernen und genau zu wissen, wo ich stehe.
Natürlich muss man unter der Woche viel leisten, sodass sich die Freizeit vor allem auf das Wochenende konzentriert. Bei Bain kann man aber auch längere Auszeiten nehmen oder für eine Weile auf ein internes Projekt mit weniger Dienstreisen umsteigen, ohne dass es sich negativ auf die Karriere auswirkt. Dass meine Entscheidung absolut richtig war, habe ich spätestens jetzt an der Reaktion aller auf meine Schwangerschaft gemerkt. Ich habe von Anfang an Unterstützung erhalten – und die Möglichkeit, mit reduzierten Arbeitszeiten und weniger Reisen weiterzuarbeiten. Um auch mit Kind reibungslos weiterarbeiten zu können, bietet Bain zum Beispiel individuelle Teilzeitmodelle an oder hilft bei der Suche nach geeigneter Kinderbetreuung.«

ZWISCHENRUF

»LIEBE MÄDELS, DIE RATSCHLÄGE DER ›WORKING MUMS‹ KÖNNT IHR VERGESSEN.«

Alexandra Gölze hat Kinder und Karriere ausprobiert.

»Als zweifache Mutter komme ich nicht umhin, das Rollenmodel der ›Working Mum‹ zu kommentieren. Vielleicht hast du dich noch gar nicht so stark damit auseinandergesetzt, weil du noch sehr jung oder am Start deiner Karriere bist. Macht nichts – wenn du willst, denke erst später daran. Meiner Erfahrung nach bist du gut beraten, die viel zitierten Mutter-im-Beruf-Rollenmodelle höchst kritisch zu bewerten. Für mich haben diese »So-super-läuft-es-bei-mir«-Empfehlungen den Nachahmungswert von RTL2-Ratgeberdokumentationen. Auch da mag es sein, dass Hilde Müller 21 Kilo durch die Fanta-Diät abgenommen hat – aber auch da ist diese Information leider nicht auf dich anwendbar. Warum? Na, weil du nicht Hilde Müller bist! Du lebst, denkst, agierst nicht wie sie. Und die Chance, dass Frau Müllers und deine physiologischen Merkmale übereinstimmen, ist schon gar nicht gegeben.

Es kann ja sein, dass die leistungsfähige Top-Beraterin dir sagt, wie total dufte es ist, Kinder, Karriere und Kunstradfahren unter einen Hut zu bekommen. Aber das heißt für dich: Nichts! Und zwar gar nichts. Du weißt damit nur, dass eine weitere Frau den Spagat hinbekommt. Über deine persönliche Gelenkigkeit sagt das nichts aus. Ob du Mutter werden sollst und wie du damit dann im Berufsleben umgehen kannst, wird und kann dir niemand beantworten. Natürlich kannst du dich über Rollenmodelle informieren und versuchen, das Gehörte auf dein Leben zu spiegeln. Aber wissen, ob ›Working

Mum‹ zu sein, dein Ding ist oder nicht, das findest du nur heraus, wenn du ›Working Mum‹ bist.«

FAZIT Wenn klar ist, wohin die Reise gehen soll, bleibt noch eine Frage: Wann geht es los? Nach dem Bachelor oder doch lieber erst nach dem Master? Und wie sieht es mit der Promotion aus: Lohnt sich das überhaupt? Jetzt kennst du die Vor- und Nachteile der unterschiedlichen Zeitpunkte für den Einstieg. Verschiedene Berater haben erzählt, wann sie ihre Bewerbung abgeschickt und wie sie sich auf die Einstellungstests vorbereitet haben, warum das Studienfach egal ist – und was sie heute anders machen würden.

Und
ab dafür

5

DIE IDEALE BEWERBUNG

Das Anschreiben 138
Der Lebenslauf 142

EINLEITUNG

Jede Bewerbung besteht aus drei Teilen: Anschreiben, Lebenslauf und Zeugnissen. So weit, so langweilig. Wahrscheinlich hast du schon von der ultimativen Beraterbewerberaufgabe gehört: der Fallstudie. Wäre sie ein Mensch, wäre sie ein ziemlich unangenehmer Zeitgenosse. Nicht, weil sie besonders knifflige Aufgaben stellt, sondern weil sie so vorlaut ist. Sie stiehlt allen die Show. Allein ihr Name lässt Bewerber zittern. Doch beim ganzen Üben und Grübeln vernachlässigen viele die unscheinbaren Verwandten der Fallstudie: Anschreiben und Lebenslauf.

Acht von zehn Bewerbern bekommen nie eine Fallstudie gestellt. Sie werden gar nicht erst zu den Auswahltagen eingeladen. Wenn du zu den zwei der zehn Bewerber gehören willst, die es tatsächlich bis zur Fallstudie schaffen, schau dir die folgende Beispielbewerbung an - und lies, was zwei Recruiter von McKinsey und der Boston Consulting Group dazu sagen. Beiden haben wir getrennt voneinander die folgende Bewerbung von Max Mustermann vorgelegt. Anschreiben und Lebenslauf sind fiktiv, aber aus Bausteinen echter Bewerbungen, die so tatsächlich abgeschickt worden sind, zusammengesetzt worden.

Acht von zehn Bewerbern bekommen nie eine Fallstudie gestellt!

Was fällt den beiden Recruitern auf? Was vermissen sie, was finden sie langweilig? Und vor allem: Würden sie unseren Kandidaten Max zum Auswahlgespräch einladen?

MAX MUSTERMANN

HEIDEWEG 1
22459 HAMBURG

MUSTERMANN@GMX.DE

+49 (0) 000 – 01 02 03 04
+49 (0) 000 – 05 06 07 08
+49 (0) 000 – 09 10 11 12

HAMBURG , 5. FEBRUAR 2014

Initiativ - Bewerbung um eine Stelle als Consultant

Sehr geehrte Damen und Herren,

Ich stelle mich Ihnen als hoch motivierten und engagierten BWL-Studenten vor, der in wenigen Wochen sein Studium der Betriebswirtschaftslehre an der Vorzeige-Universität in Hamburg mit einem Bachelor abschließen wird. Schwerpunkte meines Studiums waren Controlling, Externes Rechnungswesen und International Financial Management. Durch begleitende Praktika bei Accenture, Lufthansa und Simon-Kucher & Partner konnte ich erste Erfahrungen in der Unternehmensberatung sammeln. Bei einem Auslandsstudium in Australien habe ich nicht nur meine Englischkenntnisse verbessert, sondern auch meinen Horizont erweitert.

Da ich gern mit Zahlen und Fakten umgehe, mir das Lösen von Problemen liegt und mich auch der Bereich Kundenberatung interessiert, würde ich mich freuen, ihr Unternehmen als Junior Consultant unterstützen zu dürfen.

Ich arbeite gerne im Team, bin aufgeschlossen für Neues und beschäftige mich in meiner Freizeit mit Judo, Reisen und Fotografie. Durch mein starkes Engagement, meiner schnellen Auffassungsgabe und meines ausdauernden Durchsetzungsvermögens kann ich mich sehr schnell in alle geforderten Aufgaben einarbeiten. Mein Lebenslauf steht für kontinuierliche Weiterbildung und Leistungsbereitschaft, beiliegende Zeugnisse belegen dies.

Ich hoffe, Ihr Interesse an meiner Person geweckt zu haben und freue mich sehr auf ein persönliches Vorstellungsgespräch.

Mit freundlichen Grüßen

Max Mustermann
Musterstraße 2
22459 Hamburg
Tel. 0102 030405
Mobil: 0102 030405
E-Mail: mustermann@gmx.de

Lebenslauf

Persönliche Daten:	geb. 01.08.1991 in Hamburg	
Schulbildung:	2002 - 2010	Gymnasium, Hamburg, Abiturnote 1,7
	1998 - 2002	Grundschule
Ausbildung:	Ab 2011	BWL-Studium Vorzeige-Universität
	2012	Auslandssemester in Australien (University of New South Wales)
Tätigkeiten:	2013	Praktikum Accenture
	2012	Praktikum Lufthansa
	2011	Praktikum Simon-Kucher & Partner
	2011-2013	Studentische Hilfskraft in Verwaltung Vorzeige-Uni Hamburg
	2004-2010	Service-Mitarbeiter Pizzeria Tonno, Hamburg
	2010	Viermonatige Reise durch Vietnam
Ehrenamtliche Tätigkeiten:	2011-2012	Studentenwohnheimsprecher
Kenntnisse/ Hobbys:	Führerschein Klasse B, Ms-Office, Englisch (fließend), Französisch (Grundlagen), Judo, Fotografie, Reisen	

Hamburg, den xx

Das An-schreiben

Max Mustermann hat in das Layout seines Anschreibens nicht viel Mühe gesteckt: Die Kopfzeile hat eine andere Schrift als der Fließtext, die vermeintlich lustigen Symbole für Telefon, Handy und Fax wirken ein wenig aus der Zeit gefallen, und der Text klebt beinahe am linken Seitenrand.

Für Designer der reine Horror. Für die Recruiter von McKinsey und BCG? Erstaunlicherweise ist ihnen das Erscheinungsbild des Anschreibens relativ egal. Der erste Eindruck fällt bei beiden gleich aus: Naja, könnte hübscher sein, aber schauen wir mal weiter.

Den Anfang bildet die reichlich gestelzte Betreffzeile »Initiativ-Bewerbung um eine Stelle als Consultant«. Hier müsste es treffender heißen: »Bewerbung als Consultant«. Als nächstes kommt eine allgemeine Grußformel: Bewerber Max hat sich nicht die Mühe gemacht, den Namen eines direkten Ansprechpartners zu recherchieren. Nach dem Komma fängt sein erster Satz mit einem Großbuchstaben an. Formulieren wir es diplomatisch: Er hätte einen besseren Start erwischen können.

Im ersten Absatz nennt Max die Schwerpunkte seines Studiums und drei bekannte Firmen, bei denen er schon Praktika gemacht hat. Dafür gibts von beiden Recruitern Pluspunkte.

Max mag Zahlen und will einen Job. Das hätte er im zweiten Absatz sicherlich hübscher formulieren können, aber er will ja auch Berater werden und nicht Schriftsteller, also lesen die Recruiter schnell weiter.

Im dritten Absatz haben sich einige flüchtige Schreibfehler eingeschlichen – oder mangelt es Max etwa an Grammatikkenntnissen? »Durch meine schnelle Auffassungsgabe« und »mein ausdauerndes Durchsetzungsvermögen« sollte es natürlich heißen. Oje, hier sammelt er Minuspunkte.

Nun scheiden sich die Geister: Der Recruiter von McKinsey hat das Thema Anschreiben schon abgehakt und widmet sich dem Lebenslauf. Er fand das Anschreiben nicht besonders überzeugend, andererseits aber auch nicht grottenschlecht. Max hat bei ihm damit weder Plus- und Minuspunkte gesammelt. Sollte er zum Auswahltag eingeladen werden, müsste er allerdings damit rechnen, dass ihn ein Interviewer auf die Rechtschreibfehler anspricht, wie er sagt.

Bei dem Kollegen von der Boston Consulting Group kassiert Max für sein Anschreiben dagegen einen klaren Minuspunkt - und zwar nicht nur wegen der Schreibfehler. Er habe nicht überzeugend begründet, warum er überhaupt in die Unternehmensberatung will, bemängelt der Recruiter. Idealerweise hätte Max außerdem geschrieben, warum er nun gerade zur Boston Consulting Group will. Sein nächster Fehler: Er stellt im Anschreiben Behauptungen auf, ohne diese zu belegen: Wann und wo arbeitet er denn gerne im Team? Wann hat er bewiesen, dass er aufgeschlossen ist für Neues? Und wo engagiert er sich? Das ist eine Frage, die sich auch der Recruiter von McKinsey noch stellen wird - allerdings erst bei der Lektüre des Lebenslaufs.

TIPP: Mach eine Liste, bevor du das Anschreiben formulierst: Was macht dich aus? Belege jedes Adjektiv auf der Liste: Schreib dazu, wo du diese Fähigkeit erworben oder bewiesen hast. Die Liste kannst du später auch als Vorbereitung auf die persönlichen Interviews gut gebrauchen.

Curriculum Vitae

vs

Case Study

Der Lebens-lauf

Bewerber Max hat mal irgendwo gelesen, dass Lebensläufe nicht länger sein sollen als eine Seite, entsprechend kurz hat er sich gehalten. Zu kurz, finden die Recruiter von McKinsey und BCG.

Obwohl beide beteuern, dass sie auch beim Lebenslauf dem Layout wenig Beachtung schenken, bemängeln sie doch, dass Max hier zu viel Platz verschenkt. Die eigentlichen Informationen kommen erst im zweiten Drittel der Seite, im oberen steht nur seine Adresse. Da sind sich die Recruiter einig: Lieber weniger Weißraum und mehr Informationen.

Max hat seinen Lebenslauf thematisch und chronologisch gegliedert. Eigentlich eine gute Idee, doch die einzelnen Kategorien überzeugen die Recruiter nicht wirklich.

Den ersten Punkt hat Max »Persönliche Daten« genannt. Hier führt er Geburtsdatum und Geburtsort auf – ein klassischer Einstieg, mit dem man nichts falsch machen kann. Um Platz zu sparen, hätte Max aber auch einfach einen Satz schreiben können: »Geboren am 1. August 1991 in Hamburg.« Die Überschrift ist hier eigentlich überflüssig, denn dass Geburtsdatum und Geburtsort persönliche Daten sind, dürfte jedem klar sein. Ob Max ledig oder verheiratet ist, erwähnt er nicht – allerdings wird die Angabe des Familienstands von den Recruitern auch nicht vermisst.

Als nächstes führt Max unter dem Punkt »Schulbildung« Gymnasium und Grundschule auf. Hier lachen beide Recruiter: Auf die Grundschule ist jeder mal gegangen – im Lebenslauf hat sie nichts zu suchen. Die Zeit im Gymnasium hätte Max ohnehin besser zusammen mit der Studienzeit unter den Oberbegriff »Ausbildung« gepackt. Gut finden beide Recruiter aber, dass Max gleich die Abiturnote mit auflistet – auch Zwischenabschlussnoten oder Auszeichnungen dürfen ruhig im Lebenslauf notiert werden. Unternehmensberater suchen Nachwuchs mit außergewöhnlichen Leistungen, und Bewerber sollten es den Recruitern so einfach wie möglich machen, diese auch zu erkennen. Max hat die zweitbeste Abiturnote seines Jahrgangs, erwähnt das aber nicht im Lebenslauf. Eine verpasste Chance.

Unter dem Punkt »Ausbildung« nennt Max nur sein Studienfach und seine Uni: sein nächster Fehler. Hier vermissen die Recruiter den Studienschwerpunkt. Dass er für sein Auslandssemester in Australien ein Stipendium des DAAD bekommen hat, hätte sie sicherlich auch beeindruckt.

Als Sammelbegriff für Praktika, Nebenjobs und Auszeit hat Max »Tätigkeiten« gewählt – auch das ist keine besonders schlaue Wahl. Unternehmensberater lieben es strukturiert, also solltest du als Bewerber deinen Lebenslauf ordentlich strukturieren: Je präziser die Kategorien, desto besser. Beide Recruiter vermissen an dieser Stelle sofort die Dauer der Praktika. Max hätte hier entweder die jeweiligen Anfangs- und Enddaten seiner Praktika nennen sollen oder die Zahl der Wochen, die er dort verbracht hat. Die Angaben stehen zwar in seinen Praktikumszeugnissen, aber sie dort herauszufiltern, bedeutet für die Recruiter zusätzlichen Arbeitsaufwand. Den nehmen sie bei großem Interesse am Bewerber sicherlich auf sich – aber fordere es lieber nicht heraus.

Lieber ein längeres Praktikum bei einem renommierten Arbeitgeber als mehrere kurze bei eher unbekannten Firmen.

Immerhin springen beide Recruiter auf die genannten Arbeitgeber an: Accenture und Simon-Kucher & Partner gelten in der Beraterbranche als gute Adressen. Wenn die Kollegen dort mit Max zufrieden waren, wird er im eigenen Haus wohl auch überzeugen können, so die Logik.

Eine genaue Beschreibung der Aufgaben, die Max als Praktikant übernommen hat, vermissen beide Recruiter nicht in seinem Lebenslauf, andererseits sind sie sich einig, dass eine kurze Aufzählung ganz nett gewesen wäre. Denn was hat Max eigentlich bei der Lufthansa gemacht? Hier hätte er zumindest die Abteilung angeben sollen, in der er gearbeitet hat.

Seinen Nebenjob als studentische Hilfskraft finden die Recruiter erwähnenswert, dass er in einer Pizzeria gejobbt hat, interessiert sie hingegen nicht. Beide scannen den Lebenslauf nach Punkten, die ihnen zeigen, dass Max Fähigkeiten besitzt, die ihm bei der Arbeit als Unternehmensberater helfen. Die Arbeit in der Pizzeria erscheint ihnen deshalb wenig spannend. Tatsächlich hat Max dort eine Kundendatenbank aufgebaut und ein neues Online-Bestellsystem initiiert. Das hätte die Recruiter sehr wohl interessiert – wenn es denn im Lebenslauf gestanden hätte. Schon wieder hat Max eine Gelegenheit zum Sammeln von Pluspunkten vertan.

Über seinen letzten Punkt unter »Tätigkeiten« hat er lange gegrübelt. Soll er seine viermonatige Vietnamreise auflisten oder nicht? Sein erster Gedanke: Backpacker passen so gut in eine Unternehmensberatung wie Rockstars in ein Kloster. Also bloß weglassen. Sein zweiter Gedanke: Verdammt, da ist ja eine Lücke in meinem Lebenslauf. Das Abitur hat Max im Sommer 2010 gemacht, das Studium aber erst im Sommersemester 2011 begonnen. Nach langem hin und her hat er sich schließlich für die Erwähnung der Reise im Lebenslauf entschieden – eine gute Entscheidung, finden beide Recruiter. Wer allein mit dem Rucksack verreist, beweist Mut und Abenteuerlust, muss Kompromisse eingehen, sich anpassen, durchschlagen und vielleicht Rückschläge einstecken – keine schlechten Eigenschaften für Unternehmensberater. Zudem sind Reisen im Lebenslauf eine Steilvorlage für jeden Interviewer. Vielleicht war er oder sie selbst schon mal in dem Land oder träumt von einer Reise dorthin – schon ergibt sich ein interessantes Gespräch, in dem du als Bewerber ganz ohne Anstrengung Sympathiepunkte sammeln kannst. Auch bei Reisen gilt die Regel: Man sollte sie nur dann auflisten, wenn man in der Zeit etwas gelernt hat, das einem beim Job als Berater helfen könnte. Das muss nicht unbedingt eine Sprache sein; wer es mit Händen und Füßen geschafft hat, einen chinesischen Busfahrer davon zu überzeugen, außerplanmäßig vor dem Hostel zu halten, darf zurecht von sich behaupten, er besitze besonderes Verhandlungsgeschick. Wäre Max nicht vier Monate, sondern vier Wochen unterwegs gewesen, und wäre er durch Spanien statt durch Vietnam gereist, sähe die Sache allerdings anders aus. Beide Recruiter sind sich einig, dass sie generell keine Pauschalreisen im Lebenslauf aufgelistet haben möchten. Klassische, mehrmonatige Rucksacktrips finden beide dagegen interessant – allerdings in die Kategorie »Freizeit/Hobbys« eingeordnet. Dass Max Praktika, Nebenjobs und Urlaubsreise zusammengepackt hat, irritiert sie.

Als nächstes hat er »Ehrenamtliche Tätigkeiten« aufgelistet, einen Punkt, den beide Recruiter tatsächlich im Lebenslauf erwartet haben. Sie suchen nach Kandidaten, die in ihrem Leben mehr leisten, als nötig ist – ehrenamtliches Engagement ist dafür ein prima Indikator. Wer in seinem Lebenslauf kein Ehrenamt nennt, sollte damit rechnen, im persönlichen Gespräch darauf angesprochen zu werden – vor allem, wenn man wie Max im Anschreiben von sich behauptet, man sei ein engagierter Mensch. Max' Engagement als Studentenwohnheimsprecher finden die Recruiter zwar beide erwähnenswert, allerdings auch wenig beeindruckend. Vermutlich musste er nicht allzu viel Zeit für diesen Job aufwenden, meinen sie. Als Beleg für das »starke Engagement«, das Max im Anschreiben nennt, lassen sie den Wohnheimsprecherjob nicht durchgehen. Dass er ihn im Lebenslauf auflistet, finden sie aber berechtigt.

Letzter Punkt auf dem Curriculum Vitae von Max Mustermann: »Kenntnisse/Hobbys«. Über die ersten beiden Stichwörter schmunzeln die Recruiter: Microsoft-Office und Führerschein finden sie nicht erwähnenswert – Grundkenntnisse in Word, Excel und PowerPoint setzen sie voraus, und einen Führerschein brauchen Berater für ihren Job nicht unbedingt, in der Regel sind sie mit Flugzeug und Taxi unterwegs.

Sprachkenntnisse aufzulisten finden beide Recruiter legitim, aber verzichtbar: Wer wie Max ein Semester in Australien studiert hat, wird zweifelsfrei fließend Englisch sprechen.

Im Lebenslauf Hobbys aufzulisten finden beide Recruiter generell sinnvoll. Wie schon die Vietnamreise können auch Hobbys später beim Jobinterview guten Gesprächsstoff liefern. Um

Pluspunkte für die Einladung zum Interview zu sammeln, taugen Hobbys aber nur bedingt. Auch hier stellen die Recruiter wieder die Gretchenfrage: Lassen die Hobbys auf besonderes Engagement schließen? Hat der Bewerber durch sie besondere Fähigkeiten erlernt, die ihn oder sie zu einem guten Berater machen? Max nennt Judo, Fotografie und Reisen – und weckt damit bei den Recruitern von McKinsey und der Boston Consulting Group kein besonderes Interesse. Beim Stichwort Fotografie denke er an jemanden, der Selfies mit dem Handy schieße, sagt einer der beiden. Max hätte dieses Vorurteil leicht ausräumen können: Mit dem Diavortrag über seine Vietnamreise hat er ein ordentliches Taschengeld verdient, und kürzlich hatte er sogar schon eine eigene Ausstellung in einer kleinen Galerie. Das hätte der Recruiter tatsächlich spannend gefunden. Wieder hat Max einen Pluspunkt verschenkt. Unbedingt im Lebenslauf erwähnen sollen hätte er auch, dass er regelmäßig Judo-Workshops für Vier- und Fünfjährige unterrichtet. Max hatte gedacht, Unterricht für Kinder sei nicht spektakulär genug für die Beraterbranche. Weit gefehlt! Seine Trainertätigkeit hätten beide Recruiter sogar als Beleg für das im Anschreiben versprochene »starke Engagement« gelten lassen.

FAZIT Für beide Recruiter ist Max ein Wackelkandidat. Sie würden nun, nachdem sie sich Anschreiben und Lebenslauf angesehen haben, einen Blick in sein Abiturzeugnis werfen und sich seine Praktikumszeugnisse durchlesen. Erst dann würden sie über Zu- oder Absage für den Auswahltag entscheiden.

TIPPS:
▶ Schick die Bewerbung drei bis vier Monate vor dem gewünschten Einstiegstermin ab.
▶ Gib dir mehr Mühe mit dem Lebenslauf als mit dem Anschreiben, und stecke mehr Zeit in Inhalte als in die Formatierung.

ZWISCHENRUF
»ES IST NICHT EURE SCHULD!«, SAGT HENRIK ZABOROWSKI

»In meinen Gesprächen mit Studenten kommt auch immer wieder das Thema auf, dass viele auf ihre Bewerbungen Absagen erhalten. Oft ohne erkennbaren Grund. Sie wollen dann von mir wissen, was sie besser machen können, was der Trick ist, was sie noch zu beachten haben. Ich möchte euch hier ganz klar mit auf den Weg geben: In den meisten Fällen ist es nicht eure Schuld! Glaubt bitte nicht, dass in den eigentlich hoch professionellen Unternehmen (ob nun Konzern oder Beratung) das Recruiting professionell abläuft! Das wird einem immer suggeriert, ja. Von den diversen Karriereratgebern, die dir vorschreiben, wie das ideale Anschreiben formuliert wird und mit welchem Foto du dich auf gar keinen Fall bewerben darfst. Das ist Schwachsinn, weil die Form der Bewerbung nichts über deine Qualitäten für den Job aussagt. Aber nochmal: Beim Recruiting spielt in vielen Unternehmen Intelligenz weniger eine Rolle als arbeitserleichternde Prozesse! Die Unternehmen suggerieren ihre Professionalität durch Hochglanzbroschüren und coole Jungs und Mädels auf Karrieremessen, die sich so gewählt ausdrücken und erzählen, wie toll doch alles im Unternehmen ist. Glaubt mir: Da ist mehr Schein als Sein! Das Recruiting läuft oft ohne Sinn und Verstand, stattdessen mit Schablonen: Notenschnitt, Alter, Anzahl Praktika, Studiendauer, fachliche Schwerpunkte.

Du bekommst keine Eingangsbestätigung? Du wartest auf einen Termin für ein Vorstellungsgespräch? Du denkst nach dem Gespräch, es war alles super – und bekommst nach Wochen doch

eine Absage? Trotz der »Wir-melden-uns-in-einer-Woche«-Verabschiedung? Es liegt nicht an dir! Die Gründe sprengen hier den Rahmen, aber nochmal: Mit sehr, sehr hoher Wahrscheinlichkeit liegt es nicht an dir.
Einen Vorwurf musst du dir im Zweifel gefallen lassen: Bewirb dich halt nicht bei den großen, bekannten Namen. Die werden mit Bewerbungen überhäuft. Die Recruiter dort könnten genauso gut auslosen und würden immer noch sehr gute Bewerber einstellen. Da wird Recruiting zum Massenprozess mit eingebauter Lotterie. Suche dir die unbekannten Unternehmen. Die freuen sich eher über deine Bewerbung. Stecke deine Bewerbungszeit lieber in die Suche nach den richtigen (weil unbekannteren und trotzdem spannenden) Unternehmen. Davon hast du mehr - versprochen.«

INTERVIEW
MCKINSEY-RECRUITING-CHEF: »VIELE BEWERBER SIND ÜBERTRAINIERT.«

Thomas Fritz arbeitet seit 2001 für McKinsey & Co. Er studierte Betriebswirtschaftslehre in Köln und Stockholm und promovierte zum Thema »Fußball und Strategie«. Als Berater fokussierte er sich auf Logistik und Konsumgüter, seit 2008 leitet er die Recruiting-Abteilung von McKinsey.

Herr Fritz, McKinsey bekommt jedes Jahr 15 000 Bewerbungen zugeschickt, da bleibt für stundenlanges Durchlesen keine Zeit. Worauf achten Sie besonders?
Wir schauen uns vor allem den Lebenslauf und die Zeugnisse an. Wer bei uns anfangen will, sollte herausragende akademische Leistungen vorweisen können, wobei das Studienfach weni-

ger wichtig ist. Uns geht es darum, ob Bewerber in dem, was sie gelernt haben, richtig gut sind.

Theaterwissenschaftler haben also die gleichen Chancen wie Betriebswirtschaftler?

Ja, ganz genau. Die Hälfte unserer Berater kommt nicht aus den Wirtschaftswissenschaften. Wir erwarten nicht, dass jeder Bewerber eine Bilanz lesen kann. Allerdings sollte man eine analytische Affinität und ein gewisses Zahlenverständnis schon mitbringen. Deshalb schauen wir uns zum Beispiel auch die Mathenote im Abiturzeugnis an.

Wirklich? Eine Schulnote sagt doch nicht viel über einen Menschen aus.

Das sehe ich anders. Wer analytisch denken kann, hat in der Regel keine miserable Note in Mathematik. Ein gutes Abitur zu machen ist nicht besonders schwierig. Wenn jemand trotzdem nur mit einer Drei abschließt, kann es dafür nur zwei Gründe geben: Er oder sie ist intellektuell schwach – oder hat sich aktiv verweigert. Wenn das der Fall ist, gibt es im Studium genug Möglichkeiten, sich zu beweisen und die Kurve noch zu kriegen. Das honorieren wir natürlich auch.

Die Note Drei ist ja nicht gerade miserabel. Wo setzen Sie denn da die Grenze?

Ich werde immer wieder auf die sogenannte Fünfer-Regel angesprochen: Demnach darf die Summe der Noten aus Abitur, Bachelor und Master nicht mehr als Fünf ergeben. Das ist totaler Unsinn. Wir bewerten jede Abschlussnote individuell. Das statistische Bundesamt veröffentlicht von jeder Universität in Deutschland für jedes Fach die vergebenen Durchschnittsnoten – die schauen wir uns an. Bei Abschlüssen von ausländischen Universitäten bitten wir unsere Berater vor Ort um eine Einschätzung. Wer sich bei uns bewirbt, sollte zu den besten zehn bis 15 Prozent der Absolventen seines Fachs gehören.

Und alle anderen haben gar keine Chance?
Natürlich kommt es immer auf den Einzelfall an. Aber mittelmäßige akademische Leistungen mit ehrenamtlichem Engagement oder interessanten Hobbys auszugleichen wird schwierig. Wir suchen nun mal die Besten der Besten.

>»Wir suchen nun mal die Besten der Besten.«

Wie sieht es denn mit dem Anschreiben aus? Spielt das gar keine Rolle?
Das Anschreiben ist der Erstkontakt zum Unternehmen und sollte entsprechend sorgfältig geschrieben sein. Wenn man schon in diesem wichtigen Dokument Schreibfehler hat – wie sieht dann die Präsentation aus, die man später bei Kunden abgibt? Aber wir suchen Berater und keine Schriftsteller. Mit einem Anschreiben kann man sich nicht nach oben differenzieren.

Dann ist es also in Ordnung, wenn ich einfach ein Musteranschreiben und eine Lebenslaufvorlage aus dem Internet nehme?
Ein Musteranschreiben für die Bewerbung zu nutzen ist völlig legitim. Uns kommt es auf Zahlen, Daten und Fakten an und nicht auf die Formatierung oder einzelne Formulierungen. Zu großspurig sollte das Anschreiben allerdings nicht verfasst sein. Nichts ist schlimmer als Bewerber, die sich für die Größten halten.

Auf einer Bewerberseite speziell für Unternehmensberater wird empfohlen, die Bewerbung unter ein Motto zu stellen. Auf dem Deckblatt steht »Gestatten, ein Hamburger Original«, über dem Anschreiben »Setzt die Segel« und über

dem Lebenslauf »Mast- und Schotbruch«. Wie finden Sie denn so was?

> Von kreativen Bewerbungen kann ich nur abraten. Sie haben ein Downside-Potenzial: Man kann damit nichts gewinnen, höchstens verlieren. Und eine Bewerbung mit dem Umfang eines Buchs zu schicken macht Recruitern unnötig viel Arbeit. Eine Seite Anschreiben, zwei Seiten Lebenslauf – mehr brauchen wir nicht. Bei uns arbeiten sogar Berater, von denen wir nie ein Anschreiben bekommen haben.

Wie das?

> Guten Leuten wollen wir den Einstieg ins Unternehmen so einfach wie möglich machen. Herausragenden Praktikanten bieten wir zum Beispiel direkt einen Job an. Auch wer sich bei einem unserer Recruiting-Events oder Bewerbertrainings als High Potential beweist, kann direkt mit einer Einladung zum Auswahltag rechnen.

Anschreiben und Lebenslauf sind also nur die Eintrittskarten zum Auswahltag. Spielen sie dort überhaupt noch eine Rolle?

> Unsere Interviewer lesen jede Bewerbung und wissen, wer vor ihnen sitzt. Im Mittelpunkt der Interviews steht zwar jeweils eine Fallstudie, aber aus dem Lebenslauf ergeben sich oft auch interessante Gespräche. Vielleicht hat jemand als Hobby angegeben, Oboe zu spielen und die Interviewerin spielt auch Oboe. Oder ein Physiker listet in seinem Lebenslauf verschiedene Forschungsarbeiten auf, unter denen man sich wenig vorstellen kann – er würde im Gespräch sicherlich darum gebeten werden, das näher zu erklären.

Vor den Fallstudien haben die meisten Bewerber die größte Angst. Es gibt Dutzende Übungsbücher, Hunderte Lösungsbeispiele im Internet und sogar Trainings über Skype. Bringt diese Vorbereitung überhaupt etwas?

Fallstudien sind der Kern des Auswahlprozesses, man sollte also schon wissen, wie sie funktionieren. Dazu muss man aber nicht Hunderte Cases durchspielen. Ich erlebe in letzter Zeit immer mehr Bewerber, die übertrainiert sind.

Übertrainiert? Das müssen Sie näher erklären.

Für diese Bewerber ist jede Fallstudie, die sie nicht gelesen haben, eine verpasste Chance. Sie denken, das Lösen der Cases sei eine Kunstfertigkeit, die man lernen kann: Je mehr man übt, desto besser wird man. Das ist Quatsch. Der Interviewer will mit dem Bewerber diskutieren und gemeinsam eine Lösung finden – und die kann ganz unterschiedlich aussehen. Die eine Musterlösung gibt es nicht.

Aber wenn ich die Fallstudie schon kenne, habe ich doch einen großen Vorteil?

Nein, im Gegenteil, das ist ganz gefährlich. Meist gibt es nämlich eine kleine, aber wichtige Abweichung – und diese wird dann übersehen. Wir haben hier kein Prüfungsbuch, aus dem sich die Interviewer bedienen. Sie entscheiden selbst, welche Fallstudie sie stellen. Natürlich kann sich im Laufe der Zeit mal etwas wiederholen, aber dass eine Aufgabe exakt so gestellt wird, wie man sie kennt, ist eigentlich ausgeschlossen. Auswendiglernen hat bei Fallstudien wirklich keinen Sinn. Man sollte auch nicht versuchen, irgendwelche Gleichungen aufzustellen, nach dem Motto: Wenn ich das gefragt werde, muss ich das antworten. So etwas geht meistens schief.

Was machen Sie dann als Interviewer?

Ich sage den Bewerbern, dass sie nach einer anderen Lösung suchen sollen. Wer überzeugt war, den einen, richtigen Weg zu kennen, ist dann erst mal perplex. Und viele wissen gar nicht mehr weiter. In irgendeinem Buch wurde mal empfohlen, man solle die Fallstudie mit dem Satz beginnen: »Es gibt interne und externe Faktoren.« Ich weiß gar nicht mehr, wie oft ich das seither gehört habe. Es gibt immer interne und externe Faktoren, das ist ein No-Brainer. ◆ Manchmal mache ich mir den Spaß und sage: Nein, in diesem Fall gibt es keine externen Faktoren. Dann sind die Bewerber überrumpelt. Gute Leute finden trotzdem einen Lösungsweg.

◆ *No-Brainer = Dinge, die selbstverständlich sind und keiner Erklärung bedürfen*

Was ist mit statistischen Zahlen: Wie viele Einwohner, Geburten und Todesfälle gibt es in Deutschland? Sollte man so etwas auswendig können?

Die Zahl der Geburten und Todesfälle wüsste ich jetzt selbst nicht. Und wenn es um die Einwohnerzahl geht, macht es keinen Unterschied, ob jemand mit 80, 82 oder 87 Millionen rechnet. Nur eine Acht sollte vorne stehen.

Wie sieht es mit Brainteasern aus? »Wie viele Golfbälle passen in einen Smart?« und solche Fragen?

Brainteaser stellen wir bei McKinsey nicht. Zum einen kennt man viele schon, zum anderen gehört zur Lösung auch immer Glück dazu. Unsere Interviewer stellen nur Aufgaben, die sie so auch im Berateralltag lösen.

Was ist, wenn ich eine Absage bekomme? Kann ich mich dann gleich nochmal bewerben?

Man kann sich bei uns drei Mal bewerben: nach dem Bachelor, nach dem Master und nach der Promotion oder dem MBA. Zwischen den Bewerbungen sollte so viel Zeit vergangen sein, dass man sich merklich verändert hat. Vielleicht hat man in einem Praktikum gemerkt, dass man noch nicht reif war für den Job. Dann kann man es ein paar Jahre später, wenn man einen höheren Studienabschluss oder vielleicht schon Berufserfahrung hat, nochmal bei uns versuchen.

ZWISCHENRUF
»BEWIRB DICH TROTZDEM!«,
SAGT ALEXANDRA GÖTZE.

»Um mal die Karten direkt auf den Tisch zu legen: Kein Beratungshaus würde mich heute einstellen. Studium? Negativ – Mutti und Vati meinten, eine Ausbildung wäre wichtiger. Abi? Nun, nicht ganz. Aber Fachabi mit einem Notendurchschnitt von 3,5. (Ich hatte echt Stress mit vielen anderen Dingen.) Ehrenamtliches Engagement? Tja, siehe Abi.
Der Grund, warum ich hier trotzdem einen Kommentar zum Thema Bewerbung und Lebenslauf abgeben darf, liegt darin, dass ich einen Großteil meiner Karriere im Recruiting einer Unternehmensberatung verbracht habe. Und dadurch erfährst du quasi aus erster Hand die nachfolgenden Dinge, die dir vielleicht nicht gefallen werden:
Ich habe selten eine Veränderungsresistenz wie in den Recruiting-Abteilungen der Beratungshäuser erlebt. Dort werden Bewerbungen heute immer noch so gelesen, als wäre der Begriff Fachkräftemangel das Unwort des Jahres und der demografische Wandel nur ein Trend, der bald vorbei sein wird.

Unternehmensberater sind nun mal auf analytische Skills, Noten, super Engagement und generelle High-Potential-ness eingeschossen.

Es ist, wie es ist: Unternehmensberater sind nun mal auf analytische Skills, (Abi-!)Noten, super Engagement und generelle High-Potential-ness eingeschossen. Sicherlich gibt es dafür viele nachvollziehbare Gründe.

Ich habe jedoch nach all den Jahren meine ganz persönliche Erklärung dafür: Ich glaube, dass das Erfüllen des Anforderungsprofils für viele Fachbereichsleiter Balsam für die eigene Seele ist. Es fühlt sich für sie einfach gut an, nur die Besten der Besten zu wollen, denn das bedeutet unweigerlich, selbst ziemlich herausragend zu sein. Eine Highflyer-Einstellung für den Highflyer-Chef und das Highflyer-Team! Dazu kommt das >Ich-musste-damals-auch<-Credo: >Damals brauchte ich sogar mindestens einen 1,5er-Abschluss, um eingestellt zu werden.< Ehrlicherweise braucht es irgendwann jemanden, der den Kollegen mitteilt, dass man >damals< auch noch Teletext gelesen und eine Kugel Eis weniger als eine Deutsche Mark gekostet hat. Aber das nur am Rande.

Ich rate dir trotzdem, die Bewerbung an dein favorisiertes Beratungshaus abzuschicken. Ich gehe davon aus, dass deine Vita nicht aussehen wird wie meine. Und da du dich für eine Karriere als Unternehmensberater interessierst, hast du sicherlich bereits einige >Actions< in deinem Leben auf dieses Ziel ausgerichtet. Also probiere es, auch wenn deine Bewerbung nicht auf jeden Anforderungspunkt der Stellenanzeigen passt.

Einen weiteren Tipp habe ich auch noch: Kenne deinen Lebenslauf! Du meinst ich scherze? Ganz sicher nicht. Ich habe Bewerber erlebt, die nicht in der Lage waren, mir die eigenen Stationen im Lebenslauf plausibel zu erklären. Es ist kein Problem, wenn du mal ein Jahr als Animateur auf Mallorca warst – du solltest es dem Unternehmen nur nicht als Bildungsreise verkaufen. Stehe zum Lauf deines Lebens – besonders dann, wenn dieser nicht ›aalglatt‹ ist. Ein gesundes Selbstbewusstsein hat noch nie geschadet - am wenigsten in der Beratung!«

FAZIT Wer Berater werden will, muss Fallstudien lösen. Stimmt. Aber bei den Topberatungen werden acht von zehn Bewerbern gar nicht erst zum Auswahltest eingeladen. Du weißt jetzt, wie du diese Hürde meisterst. Schau dir die Beispielbewerbung an - und mach' es besser. Recruiter von McKinsey und BCG haben Schritt für Schritt erklärt, was sie an Anschreiben und Lebenslauf stört. Und wie man sie beeindrucken kann. Du bist unsicher, ob Hobbys, Rucksackreisen und Nebenjobs in den Lebenslauf gehören? Jetzt weißt du es.

Alles oder nichts

SO GELINGT DER EINSTELLUNGS-TEST

Das persönliche Interview **164**
Die Fallstudie **168**

EINLEITUNG IN DER REGEL BESTEHEN DIE EINSTELLUNGSTESTS BEI ALLEN STRATEGIEBERATUNGEN – EGAL WELCHER GRÖSSE – AUS MINDESTENS ZWEI TEILEN: PERSÖNLICHEN INTERVIEWS UND FALLSTUDIEN. JE NACH BERUFSERFAHRUNG UND GRÖSSE DER BERATUNGSFIRMA KOMMT AUSSERDEM NOCH EIN ANALYSETEST HINZU. STANDARDISIERTE TESTS ERLAUBEN EIN SCHNELLES AUSSIEBEN DER BEWERBER; DIR WERDEN DIESE ALSO EHER BEI GROSSEN ALS BEI KLEINEN UNTERNEHMEN BEGEGNEN.

Der Übergang zwischen Interview und Fallstudie ist oft fließend: Zunächst wirst du zu deinem Lebenslauf befragt, dann wird dir ein Fall geschildert, den du im Gespräch lösen sollst. Beide Teile sind gleich wichtig: Wer menschlich nicht überzeugt, dem nützt auch die perfekt gelöste Fallstudie nichts. Umgekehrt kann eine vermurkste Case Study nicht durch ein interessantes Gespräch über den Lebenslauf wettgemacht werden. Die gute Nachricht: Du hast in der Regel mindestens drei Interviews, das heißt du redest mit drei Leuten über den Lebenslauf und bekommst drei Fallstudien gestellt. Solltest du also mit einem Interviewer nicht klarkommen, besteht die Chance, diese negative Wertung durch die der anderen auszugleichen. Besser ist natürlich, in allen Gesprächen einen guten Eindruck zu machen, denn in manchen Firmen gilt das Veto-Prinzip: Bewerber bekommen nur dann einen Arbeitsvertrag, wenn sich alle Interviewer einig sind.

Im Gegensatz zu Vorstellungsgesprächen bei klassischen Wirtschaftskonzernen werden die Interviews bei fast allen Consultingfirmen nicht von Mitarbeitern aus der Personalabteilung geführt, sondern von Beratern selbst - üblicherweise von Projektleitern. Manche Gespräche übernehmen sogar die Partner. Klassische Stressinterviews, bei denen die Kandidaten unter Druck gesetzt oder gezielt verunsichert werden, sind zumindest bei den großen

Unternehmensberatungen die Ausnahme. Man will sehen, wie du denkst, wie du an Probleme herangehst und wie eloquent du deine Überlegungen erklären kannst. Selbst wenn du mit einer Fallstudie überfordert bist und völligen Unsinn ausrechnest, wird sich niemand über dich lustig machen. Im Zweifelsfall wird dein Gegenüber eher versuchen, dir kleine Hinweise zu geben und dich auf den richtigen Weg zu bringen, als dich noch weiter zu verunsichern. »Die Fallstudie ist für uns der am wenigsten spannende Teil des Auswahlgesprächs«, sagt Carsten Baumgärtner, der für das Recruiting verantwortliche Partner bei BCG. »Bei der Fallstudie geht es darum, zu zeigen, dass man analytisches Denkvermögen mitbringt. Viel interessanter und entscheidender für eine Zu- oder Absage ist letztlich das persönliche Gespräch.«

Vergiss nicht: Auch die andere Seite steht auf dem Prüfstand. Die Berater werden für die Interviews extra geschult und stehen selbst unter Beobachtung. Wer auffallend häufig Bewerber ganz anders einschätzt als seine Kollegen, muss »nachsitzen« und bekommt nochmal eine zusätzliche Recruiting-Schulung. Auch jede Fallstudie, die sie sich für den Auswahlprozess überlegt haben, müssen Berater zunächst vor einer eigenen Jury präsentieren. Sie dürfen sie erst dann Bewerbern stellen, wenn diese das Okay gegeben hat. Ruf dir das in Erinnerung, wenn du aufgeregt bist!

Die meisten Beratungsfirmen sind erstaunlich transparent, was den Bewerbungsprozess angeht, und verraten auf ihren Internetseiten schon ziemlich genau, welche Aufgaben dich am Auswahltag erwarten und worauf die Recruiter achten werden:

▶ Bei der Boston Consulting Group erwarten dich in der ersten Runde zwei Interviews zu je einer Stunde, in denen zuerst dein Lebenslauf und dann eine Fallstudie besprochen werden. Es folgt ein 50 Minuten langer Online-Test, den aber zum Beispiel Bewerber mit Berufserfahrung überspringen dürfen. In der zweiten Runde folgen noch einmal drei jeweils einstündige Interviews und drei Kurzgespräche zu je zwölf Minuten, in denen typische Situationen aus dem Berateralltag simuliert werden.

- Bei McKinsey erwarten dich drei einstündige Interviews mit je einem Berater und einer Fallstudie, anschließend ein analytischer Test und – wenn du dich bis dahin wacker geschlagen hast – ein weiteres Interview.
- Bei Bain&Company erwarten dich drei bis vier Interviews, eines davon auf Englisch. Auch hier musst du persönliche Fragen beantworten und Fallstudien lösen. Einen Analysetest gibt es bei Bain nicht, dafür solltest du in den Gesprächen auch mit Brainteasern rechnen.

TIPP: Auf den Internetseiten der bekannten Strategieberatungen gibt es zahlreiche Case Studies mit Lösungsbeispielen und teilweise auch interaktive Fallstudien und Beispielvideos. Auch wenn du dich zum Beispiel für BCG bewirbst, kann es nicht schaden, dich mit Übungsaufgaben von Roland Berger oder Bain vorzubereiten.

Einige Beratungen bieten für Bewerber sogar eigene Trainings an, in denen Fallstudien und Interviews geübt werden. Eine Firma erklärt ihren Bewerbern, was diese im Vorstellungsgespräch sagen sollen? Ernsthaft? »Wir möchten, dass die Bewerber wissen, was sie erwartet«, erklärt McKinsey-Recruiting-Chef Thomas Fritz. Jeder sollte die Chance haben, sich bestmöglich zu präsentieren. Wenn du vor dem Auswahltag nervös bist, denk immer daran: Die Recruiter wollen Leute einstellen. Das macht auch ihnen mehr Spaß, als Absagen zu verteilen. Der Auswahltag ist keine nervige Schulprüfung, sondern eine Chance: Hier kannst du beweisen, dass du die nötigen Fähigkeiten mitbringst:

Fähigkeiten, die einen guten Berater ausmachen:
- Probleme lösen
- Rückschläge verkraften
- Andere Menschen von den eigenen Ideen überzeugen
- Im Team arbeiten

Das persönliche Interview

Auch wenn du es schon hundertmal gehört und gelesen hast: Du solltest dir vor dem Vorstellungsgespräch Antworten auf übliche Standardfragen wie »Was sind Ihre Stärken und Schwächen?« überlegen.

Vermutlich rollst du jetzt mit den Augen. Aber kannst du die Antworten auf diese Standardfragen auch laut vortragen - ohne »Ähs« und »Mmhs«? Übe die Sätze - es hilft!
Diese Fragen kannst du dir stellen, um dich vorzubereiten:

▶ Was habe ich bisher in meinem Leben erreicht - als Einzelperson und im Team?
▶ Worauf bin ich besonders stolz?
▶ Was sind meine persönlichen Stärken?
▶ Wofür setze ich mich in meiner Freizeit ein?

Bei McKinsey wirst du sogar vor dem Auswahltag gebeten, dir eine bestimmte Situation aus deinem Leben zu überlegen, die du im Interview schildern willst. Denke dabei an die vier Fähigkeiten, die gute Berater ausmachen: Probleme lösen, Rückschläge verkraften, andere Menschen von den eigenen Ideen überzeugen und im Team arbeiten. Wann hast du in deinem Leben eine Situation erlebt, in der du eines dieser vier Dinge unter Beweis stellen musstest? Vielleicht war dein Fußballverein mal von der Pleite bedroht und du hast es geschafft, einen Sponsor zu finden? Oder du musstest als Schulsprecherin deine Mitschüler davon überzeugen, dass es besser ist, das Sommerfest ausfallen zu lassen?

Die Erfahrung, die du im Interview schilderst, sollte schon etwas komplexer sein – schließlich will man rund 20 Minuten mit dir darüber reden. Wenn deine Überzeugungsarbeit nur aus zwei, drei logischen Argumenten besteht, solltest du dir eine andere Situation überlegen, die du schildern kannst. Vielleicht hast du dir mal ein bestimmtes Ziel gesetzt und niemand hat geglaubt, dass du es schaffen würdest? Oder du hast innerhalb eines Teams die Führung übernommen und deinen Kollegen einen neuen Weg aufgezeigt?

Selbst wenn du dich nicht bei McKinsey bewirbst, ist es sinnvoll, dir diese Fragen vor dem Auswahltag zu überlegen. Auch Unternehmensberater mögen gute Geschichten! Pass aber auf, dass du sie nicht wie ein Gedicht vorträgst. Üben ja, auswendig lernen nein. »Beim persönlichen Gespräch kann man eigentlich nur einen Fehler machen: vorher einstudierte Sätze herunterleiern«, sagt BCG-Partner Carsten Baumgärtner. Seiner Meinung nach braucht man sich auf das persöniche Interview gar nicht vorzubereiten. Aber das ist dann doch etwas gewagt. Vermeide am besten Floskeln und Sätze mit »man«. Die Interviewer wollen nicht wissen, was man machen muss, wenn die Vereinskasse leer ist, sondern was du gemacht hast. Je persönlicher, desto besser. Was hast du in dieser Situation gedacht, wieso hast du diese Einschätzung getroffen, was für ein Bild hast du von den anderen Beteiligten gewonnen?

Vergiss auch nicht, deinen Gegenübern selbst Fragen zu stellen – das sind immerhin vielleicht deine zukünftigen Kollegen. Wenn dir spontan nichts einfällt, greife auf Klassiker zurück: Was waren ihre bisherigen Stationen in der Firma? Welche Projekte haben ihnen am meisten Spaß gemacht? Waren sie schon oft im Ausland? Jede Frage ist besser als keine Frage!

The show must go on ...

or just WORK!

Die Fall-studie

Fallstudien sind meist Aufgaben, die Interviewer in der Praxis selbst schon mal lösen mussten. Für den Auswahltag werden die Fälle so reduziert, dass sie in der vorgegebenen Zeit ohne Hintergrundrecherche zu lösen sind. Ein bisschen gewitzt musst du dafür aber sein.

In vielen Büchern und Internetforen werden immer wieder sogenannte Frameworks zur Lösung von Fallstudien präsentiert. Sie erwecken den Eindruck, Fallstudien ließen sich nach einem bestimmten Schema lösen. Das ist Quatsch. Fallstudien sind keine Wissenstests. Es geht nicht darum, Fakten abzufragen; die Interviewer wollen herausfinden, wie du denkst, ob du Spaß an so einem Case hast und ob du in der Lage bist, strukturiert an ein Problem heranzugehen.

In der Regel läuft es so ab, dass der Interviewer eine Situation schildert und eine mehr oder weniger konkrete Frage formuliert: Was soll die Firma jetzt machen? Was würdest du dem Chef raten? Wichtiger als die Antwort auf diese Frage ist die Art und Weise, wie du auf die Lösung kommst. Manchmal bekommst du dazu einen ganzen Papierstapel mit Tabellen, Grafiken und Zahlen in die Hand gedrückt. Außerdem noch ein Blatt Papier und einen Stift - das wars. Taschenrechner sind in der Regel tabu.

Wichtiger als die Antwort ist die Art und Weise, wie du auf die Lösung kommst.

Bei Fallstudien sind vor allem drei Fähigkeiten gefragt. Du solltest beweisen, dass du

- mit Zahlen umgehen kannst,
- kreativ, aber auch pragmatisch bist,
- deine Überlegungen einfach und prägnant formulieren kannst.

Mit Zahlen umgehen zu können heißt nicht nur, rechnen zu können. Die Berater wollen sehen, ob du ein Gespür für Zahlen hast und einschätzen kannst, ob irgendwo eine Null zu viel oder zu wenig ist. Was bedeuten die Zahlen in dem jeweiligen Fall? Ist fünf Prozent Wachstum hier gut oder schlecht? Sind 15 000 Euro Ausgaben für Nahrung pro Kopf ein realistischer Wert?

Pro Fallstudie wirst du mindestens eine Rechenaufgabe im Kopf lösen, allerdings sind keine komplizierten Rechnungen gefragt, sondern »nur« die klassischen Grundrechenarten. Alles nicht besonders schwierig, aber unter Beobachtung und Zeitdruck manchmal gar nicht so leicht.

Bevor du im Interview etwas ausrechnest, lohnt sich ein kurzer Realitätscheck: Ergibt das, was du da ausrechnen willst, überhaupt Sinn? Passt es auch zum Klienten? Unternehmensberater sagen zwar, dass sie kreative Köpfe lieben, aber allzu kreativ sollte dein Lösungsweg dann doch nicht sein.

TIPP: Manchmal beziehen sich Fallstudien auf das aktuelle wirtschaftliche Geschehen. Lese deshalb in den Wochen vor dem Auswahltag die Wirtschaftsnachrichten. Schaue außerdem statistische Daten an: Wie viele Menschen leben in welchen Ländern? Wie hoch ist dort die Arbeitslosenquote?

VIER SCHRITTE BIS ZUR LÖSUNG

Jede Fallstudie ist anders. Es gibt keine Formel, die du einmal auswendig lernen und dann immer wieder anwenden kannst. Aber es gibt ein Schema, das dir bei der Orientierung hilft – und dem Recruiter zeigt, dass du schlau an ein Problem herangehen kannst. Es besteht aus vier Schritten: Klären, Strukturieren, Analysieren, Empfehlungen abgeben. Wenn du diese Schritte befolgst, wirst du am Auswahltag einen guten Eindruck machen – sogar, wenn du dich zwischendurch verrechnet hast. Also los, schauen wir uns die Schritte näher an.

Schritt 1: Klären

Bevor du die Frage beantworten kannst, musst du diese erst einmal verstehen. Klingt nach einer Binsenweisheit, ist aber manchmal gar nicht so einfach. Stell dir vor, in der Fallstudie heißt es, du sollst den Vertrieb einer Versicherung optimieren. Was heißt denn optimieren in diesem Fall? Effizienter machen oder vielleicht den Umsatz erhöhen? Und was ist mit Vertrieb gemeint? Manche Versicherungen werden über Makler vermittelt, andere direkt abgeschlossen. Sollst du beide Vertriebskanäle berücksichtigen? Um welche Produkte geht es eigentlich? Versicherungen für Privatpersonen oder für Firmen? Bevor du dir Antworten überlegst, solltest du erst mal Fragen stellen. Üblicherweise sind in der ersten Fallbeschreibung noch nicht alle Informationen enthalten, die du brauchst. Erst mit den richtigen Fragen an die Interviewer findest du heraus, wie dein Lösungsansatz aussehen soll.

TIPP:

▶ Höre den Interviewern genau zu und mache Notizen.
▶ Frage im Zweifelsfall immer nach: Was ist mit Gewinn, Profitabilität, Umsatz gemeint?
▶ Wiederhole die Frage in eigenen Worten.

- Wenn du die Aufgabe schon aus dem Internet kennst: Freu dich und lass dir nichts anmerken. Pass auf, ob nicht einzelne Details an dem Fall verändert worden sind.
- Es klingt banal, trotzdem scheitern viele daran: Überlege erst, was du sagen willst – rede nicht einfach drauflos.

Schritt 2: Strukturieren

Niemand kann alle Probleme der Welt auf einmal lösen. Deshalb geht es nun im zweiten Schritt darum, die Ausgangsfrage in einzelne, für sich lösbare Teilfragen zu zerlegen. In der Beratungspraxis würde das der Projektleiter übernehmen und die einzelnen Aufgaben an die Teammitglieder verteilen. Bei einem Meeting würden dann die Berater die Lösung ihres Teilbereichs der Gruppe präsentieren, und idealerweise käme am Ende ein Gesamtbild heraus.

Beim Auswahltag übernimmst du auch das Strukturieren der Ausgangsfrage. Bleiben wir bei unserem Beispiel mit der Versicherung: Du hast nachgefragt und weißt nun, dass es in dem Fall darum geht, den Umsatz der Makler zu erhöhen. Der Maklervertrieb lässt sich noch einmal in drei Teilbereiche unterteilen: Produkte, Konzepte und Organisation. Diese Teile lassen sich wiederum unterteilen.

Niemand kann alle Probleme der Welt auf einmal lösen.

Um nicht den Überblick zu verlieren, stellst du am besten einen Hypothesenbaum auf. So kannst du dich Schritt für Schritt vorarbeiten und behältst stets den Überblick. Wie das genau funktioniert, erklären die Berater Christoph Biallas und Fabian Trimpop. Sie betreiben die Internetseite www.consulting-cases.de und haben ein E-Book zum Thema herausgegeben. Von ihnen stammen auch die Übungsfallstudien in diesem Buch.

Nehmen wir an, du hättest folgende Aufgabe zu lösen: Der Pizzadienst Prima Pizza hatte im letzten Jahr deutliche Umsatzrückgänge zu verbuchen, obwohl die Besitzer nichts an ihrem Konzept verändert haben. Was ist da los? Spontan kommen viele Gründe in Betracht: Eine neue Pizzakette hat in der Nähe eröffnet, ein großer Firmenkunde ist Pleite gegangen oder das Wetter war immer so gut, dass weniger Leute Pizza nach Hause bestellen wollten. Wenn du das jetzt so im Interview vorträgst, hast du schon verloren. Interviewer wollen sehen, dass du das Problem strukturiert angehst – und nicht einfach drauflos plapperst.

Also versuchen wir es nochmal: Umsatz setzt sich zusammen aus Preis und Menge. Wenn der Umsatz zurückgegangen ist, kann das also nur an zwei Dingen liegen: an einem Rückgang der Preise oder der verkauften Menge. Diese Antwort ist ganz nach dem Geschmack eines Interviewers. Nehmen wir nun an, er oder sie teilt dir mit, die Preise seien gleich geblieben, aber Prima Pizza habe weniger Pizzen verkauft. Rücke in deinem Hypothesenbaum eine Stufe weiter: Warum ist die verkaufte Menge gesunken? Lag es daran, dass der Markt insgesamt geschrumpft ist oder hat nur Prima Pizza Marktanteile verloren? So arbeitest du dich vor, bis du den wesentlichen Grund für das Problem erkannt hast.

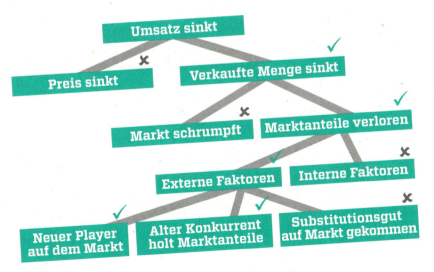

▼ Beispiel Hypothesenbaum

Genauso kannst du auch vorgehen, wenn es darum geht, die Marktanteile einer Firma zu erhöhen, wie in unserem Versicherungsbeispiel. Starte wieder mit zwei Optionen: Du kannst den Marktanteil mit den vorhandenen Produkten erhöhen – oder mit neuen. Im ersten Fall kannst du entweder mehr Produkte verkaufen oder die gleiche Menge für mehr Geld. Im zweiten Fall kannst du entweder selbst neue Produkte entwickeln, neue aufkaufen oder neue Ertragsquellen für bisherige Produkte erschließen.

TIPP:

- Strukturiere nicht nur das Problem, sondern auch die Antwort. Sage zum Beispiel: »Ich werde das schrittweise angehen.« Dann zählst du auf, worum du dich als erstes, zweites, drittes kümmern wirst.
- Betrachte das Problem aus verschiedenen Perspektiven. Denke nicht gleich an den Lösungsweg, sondern überlege, welche Punkte es bei diesem Thema allgemein zu bedenken gibt.
- Frage lieber zu viel als zu wenig. Auch wenn die Antworten auf deine Fragen nicht immer direkt bei der Lösung helfen: Durch Nachfragen zeigst du, dass du in großen Strukturen denkst und dir erst einmal ein Bild von der Gesamtlage machen willst, bevor du losstürmst. Damit sammelst du in jedem Fall Pluspunkte.
- Gehe nur in die Details einer Lösungsidee, wenn du dazu aufgefordert wirst. Es ist besser, mehrere Optionen aufzuzeigen, als einen einzigen Weg haarklein auszuarbeiten.
- Versuche nicht krampfhaft, immer ein und dasselbe Schema anzuwenden. Auch der Hypothesenbaum passt nicht immer. Bleibe flexibel und entscheide von Fall zu Fall.
- Bleibe ruhig, wenn dir spontan keine Lösung einfällt. Das Herantasten an die Antwort ist wichtiger als die Antwort selbst.

Schritt 3: Analysieren

Im dritten Schritt geht es darum, eine konkrete Lösung für die Fragen zu finden, die du herausgearbeitet hast. Im Joballtag musst du dazu Daten und Fakten sammeln, beim Auswahltag bekommst du diese direkt vorgelegt oder auf Nachfrage von den Interviewern gereicht. Dazu musst du erst einmal überlegen, welche Daten du eigentlich brauchst und wie du diese am besten zueinander ins Verhältnis setzt. Um auszurechnen, ob eine Fabrik ausgelastet ist, brauchst du beispielsweise Angaben zur Produktionsmenge und zur Kapazität.

Versuche, bei den Lösungsideen Kreativität zu beweisen und »um die Ecke« zu denken. Aber auch hier gilt: Übertreibe es nicht. Frage bei jedem Einzelfall, ob er umsetzbar wäre und welche Wirkung er vermutlich hat. Ideen, die schnell und leicht umzusetzen sind und viel bewirken, haben natürlich Vorrang.

TIPP:

- Rechne auf keinen Fall alles im Kopf. Richtig schriftlich dividiert ist besser als im Kopf und falsch.
- Rechne mit runden Zahlen, nicht mit komplizierten Zahlen mit vielen Nachkommastellen.
- Versuche, die Rechnungen in sinnvolle Teilschritte zu unterteilen.
- Sage den Interviewern immer, was du gerade tust: Welche Frage du beantworten willst, was du ausrechnest, welche Zahlen du in welches Verhältnis setzt. Nur so können sie deine Gedanken nachvollziehen.
- Schreibe auf deinen Notizzettel immer kurze Stichworte zu den Rechnungen. Sonst werden dort irgendwann so viele Zahlen stehen, dass du nicht mehr weißt, welche Zahl zu welcher Frage gehört.
- Nutze Zettel und Stift nicht nur zum Rechnen, sondern auch, um etwas zu visualisieren. Das hilft den Interviewern, deine Gedankengänge nachzuvollziehen.

Schritt 4: Schlussfolgerung bilden und Empfehlung abgeben

Wenn du etwas ausgerechnet hast und zu einem Ergebnis gekommen bist, solltest du daraus eine Empfehlung ableiten. So wichtig wie die Rechnung selbst ist auch der Antwortsatz. Was hast du da jetzt eigentlich ausgerechnet? Was bedeutet das für die Beantwortung der Ausgangsfrage? Welche Konsequenzen hat das? Wie immer mögen es Berater auch an dieser Stelle kurz und knackig. Idealerweise sagst du aber nicht nur einen Satz, sondern kommst noch einmal auf die Ausgangsfrage zurück und fasst das ganze Gespräch zusammen. Oft gibt es nicht nur eine Lösung, sondern mehrere. Sage dem Interviewer, welche Möglichkeiten du siehst und welche du aus welchen Gründen bevorzugen würdest. Ende auf jeden Fall immer mit einer klaren Empfehlung.

TIPP: Argumentiere für deine Vorschläge, aber nimm auch Kritik offen auf. Wenn eine deiner Antworten infrage gestellt wird, kannst du etwa sagen: »Das ist ein guter Einwand, das hatte ich bisher nicht berücksichtigt.« Versuche dann, eine neue Lösung zu finden.

INTERVIEW

ORIGINAL-FALLSTUDIE VON MCKINSEY: BLOSS NICHT SOFORT DIE LÖSUNG NENNEN

Die folgende Fallstudie haben wir mit Recruitern von McKinsey durchgespielt und in Dialogform aufgeschrieben. Der erste Lösungsansatz hat den Interviewern nicht gefallen, doch wir zeigen dir die Lösung, die den Interviewer überzeugt.

Das Unternehmen RefreshNow gehört zu den drei größten Getränkeherstellern der USA und hat McKinsey um Unterstützung in der Entwicklung einer Produkteinführungsstrategie gebeten. Das Unternehmen will den aktuellen Trend zu

DENKE um die ECKE

gesundheitsbewussten Alternativen im Nahrungsmittelmarkt nutzen und ein neues Produkt verkaufen: ein aromatisiertes Wasser namens O-Natura.
RefreshNow ist selbst verantwortlich für Markengestaltung, Marketing und Vertrieb. Die Firma betreibt die gesamte Wertschöpfungskette der Getränke, einschließlich der Herstellung von Konzentraten, Abfüllung und Verpackung sowie die Distribution an den Handel. Zum Unternehmen gehören fünf große Abfüllanlagen sowie Abnahmevereinbarungen mit der Mehrheit der großen Einzelhändler. Welche Faktoren sollte RefreshNow beachten und welche Schritte vor der Einführung von O-Natura in den US-amerikanischen Getränkemarkt unternehmen?

> Wenn Sie nach Faktoren fragen, meinen Sie dann auch die externen Faktoren und nicht nur unternehmensinterne Aspekte?

Ja, genau das ist gemeint.

> Okay, super, dann habe ich es verstanden, und wir können gerne anfangen.

Also, dann frage ich jetzt konkret: Welche Faktoren sollte RefreshNow genau betrachten, um eine Entscheidung darüber zu treffen, ob sie mit O-Natura an den Markt gehen oder nicht?

> Sie haben gerade in der Fallbeschreibung gesagt, dass RefreshNow den Trend zu gesundheitsbewussteren Alternativen nutzen will, das heißt, RefreshNow sollte sich an die Supermärkte wenden, die momentan gesundheitsbewusste Nahrungsmittel vertreiben, und sicherstellen, dass diese Läden O-Natura einführen.

Das ist kein guter Weg. Steige nie direkt in die Lösungsfindung ein! Denke an die im vorigen Kapitel erklärten Schritte. Die Reihenfolge ist stets: Klären, Strukturieren, Analysieren und dann erst Schlussfolgern. Also nochmal zurück auf Anfang.

Ich würde mir gerne externe Faktoren anschauen, also zum Beispiel, wer potenzielle Kunden wären oder wo man O-Natura überhaupt verkaufen könnte, aber auf der anderen Seite auch interne Faktoren, wie zum Beispiel die Frage, ob RefreshNow überhaupt genügend Produktionskapazitäten hat.

Das ist mir jetzt aber ein bisschen zu wenig detailliert. Können Sie alle externen und internen Faktoren nennen, die sich RefreshNow anschauen sollte?

Sehr gerne. Schauen wir erst nochmal auf die externen Faktoren. Hier müsste ich zum Thema Verbraucher verstehen, wer aromatisiertes Wasser trinkt und ob hier bestimmte, vielleicht neue Marktsegmente angesprochen werden sollen. Als zweiten externen Faktor würde ich mir anschauen, welche Distributionskanäle für dieses Produkt ideal wären und ob Einzelhandelspartner bereit wären, O-Natura zu ihrem Produktkatalog hinzuzufügen. Drittens würde ich mir Kosten und Preis anschauen: Ist der Markt für aromatisiertes abgefülltes Wasser profitabler als die Märkte der aktuellen Produkte von RefreshNow? Ist es möglich, O-Natura profitabel zu verkaufen? Der Preis ist natürlich zum Teil vom Markt vorgegeben, hängt aber zum Beispiel auch mit den Produktionskosten zusammen. Außerdem würde ich gerne wissen, wo angesichts der anfallenden Fixkosten der Break-even-Punkt für O-Natura läge. Dann müsste ich den Wettbewerb besser verstehen: Mit welchen Produkten wird O-Natura konkurrieren? Welche Unternehmen sind die wichtigsten Akteure in diesem Markt, und wie werden sie reagieren?

Da haben Sie wichtige Punkte angesprochen. Auf die Wettbewerber kommen wir gleich noch zu sprechen. Lassen Sie uns jetzt nochmal die internen Faktoren ansehen.

Also, zu den internen Faktoren gehören für mich die Produktionskapazitäten: Ist es möglich, für O-Natura die bestehenden Produktionsanlagen zu nutzen? Welche Auswirkung hat die geografische Lage auf die Wahl der Abfüllanlage? Außerdem würde ich die Vertriebskapazitäten anschauen wollen, das heißt: Kann die bestehende Vertriebsmannschaft auch O-Natura vertreiben? Das hängt in gewisser Weise auch mit den Marketing- und Vertriebsfähigkeiten von RefreshNow zusammen, also ob das neue Produkt eine spezielle Verpackung oder spezielle Vertriebswege erfordert. All diese Aspekte haben letztendlich wieder Auswirkung auf die gesamten Kosten für die Produktion, einschließlich Vertrieb und Vermarktung des Produkts, was natürlich auch beim Preis berücksichtigt werden muss.

Das ist richtig. Ich würde vorschlagen, wir schauen uns jetzt mal den Markt an. Ich habe dazu ein paar Daten mitgebracht, die ich Ihnen gerne mal zeigen würde:
- ▶ O-Natura würde mit 0,5-Liter-Flaschen (circa 1/8 Gallone) zu einem Preis von zwei US-Dollar für die Einzelhändler an den Markt gehen.
- ▶ Um O-Natura auf den Markt zu bringen, würden RefreshNow Fixkosten in Höhe von 40 Millionen US-Dollar entstehen, einschließlich Marketingkosten sowie höhere Kosten für das Produktions- und Distributionsnetzwerk.
- ▶ Der Produktionsvorstand schätzt, dass die Produktions- und Distributionskosten pro Flasche 1,90 US-Dollar betragen würden.

Dieses Schaubild hier zeigt eine Schätzung der Marktanteile von aromatisiertem Wasser sowie der zwei Hauptkonkurrenzprodukte: Cool und O_2Flavor. Wenn Sie sich das so anschauen, welchen Anteil am Markt für aromatisiertes Wasser ohne Kohlensäure müsste O-Natura ausgehend vom Zielpreis und den Fixkosten erzielen, um den Break-even zu erlangen?

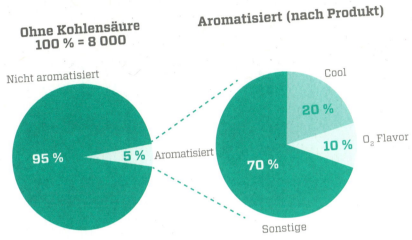

▼ US-Markt für abgefülltes Wasser, in Millionen Gallonen
(Fiktives Schaubild von McKinsey)

Also, im Endeffekt wollen wir wissen, welchen Anteil am Markt für aromatisiertes Wasser ohne Kohlensäure O-Natura erlangen müsste, um nachher einen Gewinn von Null zu haben?

Richtig.

Dann sollte ich als erstes ausrechnen, was der variable Gewinn pro Einheit ist. Also rechne ich zwei Dollar, das ist ja unser Verkaufspreis, minus der Kosten in Höhe von 1,90 Dollar. Das macht also zehn Cent variabler Gewinn. Jetzt müsste ich ausrechnen, wie viele Einheiten ich verkaufen muss, um meine Gesamtfixkosten von 40 Millionen Dollar zu decken. 40 Millionen Dollar geteilt durch 0,10 Dollar variabler Gewinn pro Einheit: Das sind 400 Millionen Einheiten, die wir bräuchten, um unsere Gesamtkosten zu decken, also bei Null rauszulaufen.

Stimmt.
>Jetzt müsste ich noch herausfinden, welchem Marktanteil das entspricht. Der Markt für aromatisiertes abgefülltes Wasser ohne Kohlensäure beträgt fünf Prozent von 8000 Millionen Gallonen, das sind 400 Millionen Gallonen. Wir haben aber jetzt in Einheiten, also 1/8 Gallonen, gerechnet. Die 400 Millionen Einheiten geteilt durch acht entsprechen 50 Millionen Gallonen O-Natura. 50 Millionen von 400 Millionen Gallonen Gesamtmarkt sind dann 12,5 Prozent Marktanteil. Das bedeutet, O-Natura müsste einen Marktanteil in Höhe von 12,5 Prozent am Markt für aromatisiertes Wasser ohne Kohlensäure erzielen, um den Break-even zu erlangen. Daher muss O-Natura das zweitbeliebteste Produkt am Markt werden.

Wenn Sie jetzt mal versuchen, das insgesamt einzuschätzen: Was wäre Ihre Schlussfolgerung?
>Also, wenn die beiden Hauptprodukte auf dem Markt einen Marktanteil von zehn und 20 Prozent haben, dann scheint es mir sehr herausfordernd zu sein, ein Produkt neu in den Markt einzuführen und sofort mehr Marktanteil als eines der Hauptprodukte zu erreichen. Wir sollten daher entweder darüber nachdenken, ob wir O-Natura doch zu einem höheren Preis an den Markt bringen oder die Kosten, entweder die variablen oder die Fixkosten, senken können.

Ja, das klingt plausibel. Jetzt stellen wir uns mal vor, Sie würden einen wichtigen Klienten im Aufzug treffen. Er fragt Sie, was Sie bisher schon herausgefunden haben. Was würden Sie ihm möglichst schnell und prägnant sagen?
>Ich würde ihm sagen, dass unsere bisherigen Analysen ergeben haben, dass wir, um Break-even zu erreichen, mit 12,5 Prozent Marktanteil das

zweitbeliebteste aromatisierte Wasser ohne Kohlensäure werden müssten. Das scheint sehr herausfordernd zu sein, daher sollten wir nochmals unsere Annahmen zum Preis sowie zu den veranschlagten Kosten überprüfen, bevor wir eine finale Empfehlung zur Markteinführung abgeben können.

Sehr schön, vielen Dank.

Mit dieser Fallstudie hast du nun einen ersten Einblick bekommen, wie solche Gespräche idealerweise ablaufen. Nun versuch es mal selbst. Mit unseren Fallstudien zum Download kannst du den Ablauf üben und dich selbst testen.

http://tinyqr.com/ar

DER ANALYSETEST

Standardisierte Tests mit Multiple-Choice-Antworten sind eine feine Sache: Sie lassen sich in wenigen Minuten automatisch auswerten. Vor allem große Unternehmensberatungen, die jeden Monat Hunderte Bewerber scannen, greifen deshalb gerne auf sie zurück. In kleineren Beratungsfirmen wird man diesen Standardtests dagegen kaum begegnen. Auch Bewerber mit Promotion oder Berufserfahrung kommen in der Regel um sie herum.

Die Tests sind im Grunde nichts anderes als Fallstudien in Textaufgaben verpackt. Auch hier geht es darum, logisches Denken, analytische Fähigkeiten und ein gewisses wirtschaftliches Verständnis zu beweisen. Die Herausforderung liegt darin, die Textaufgaben in kürzester Zeit zu erfassen. Beim Online-Case von BCG haben Bewerber nur 45 Minuten Zeit, um 20 bis 25 Textaufgaben zu lösen, beim Test von McKinsey hast du eine Stunde Zeit für 26 Fragen, also pro Aufgabe rund zwei Minuten. In dieser

Zeit musst du den Text lesen, Grafiken und Tabellen verstehen und dann auch noch die richtige Antwort ankreuzen – das ist selbst für berufserfahrene Berater kaum zu schaffen. Besonders fies bei BCG: Man bekommt für falsche Antworten einen Punkt abgezogen. Bei McKinsey gilt diese Regelung nicht – da kannst du im Zweifelsfall einfach raten. Falsch ankreuzen ist besser als gar nichts ankreuzen.

Beim Test von McKinsey bekommst du ein Aufgabenblatt und ein Antwortpapier, auf dem du die richtigen Antworten ankreuzen sollst.

Kreuze die richtige Antwort erst auf dem Aufgabenblatt an und übertrage immer mehrere gleichzeitig auf das Antwortpapier, sonst verlierst du zu viel Zeit mit hin- und herblättern. Wenn du Notizen machst: Schreibe dazu, zu welcher Aufgabe sie gehören.

Üben mit dem GMAT

Unternehmensberatungen, die einen Multiple-Choice-Test verlangen, kündigen ihn vorher an – du brauchst also keinen Überraschungsangriff zu fürchten. Wie bei allen Aufgaben, die am Auswahltag gestellt werden, gilt: Es ist nur ein Punkt von vielen, der am Ende in die Gesamtwertung einfließt. Ein schlechter Test ist nicht automatisch ein Ausschlusskriterium – ebenso garantiert ein sehr guter noch keinen Job.

Firmen, die solche Tests einsetzen, haben in der Regel mindestens einen auf ihrer Homepage zum Üben. Spiele – wie bei den Fallstudien – auch die Tests der anderen Beratungshäuser durch. Sie sind ähnlich aufgebaut und helfen dir, beim Scannen der Textaufgaben schneller zu werden. Trainieren lassen sich die Tests auch mit Übungsaufgaben für den Graduate Management Admission Test, kurz GMAT. Der bekannte Zulassungstest für US-Business-Schools ist das Vorbild der Beratertests.

Mit welcher Strategie du an die Aufgaben herangehst, kannst nur du selbst herausfinden. Die einen tun sich leichter, erst alle Fragen mit Rechenaufgaben zu lösen, für andere ist es besser, mit den reinen Textaufgaben anzufangen. Egal, welcher Typ du bist – diese Tipps werden dir helfen:

- Lies die Fragen und Multiple-Choice-Antworten immer zuerst. Wenn du weißt, was gefragt ist, kommst du schneller durch den Text.
- Notiere die wichtigsten Wörter der Fragen und Antwortmöglichkeiten und achte beim Lesen des Texts besonders auf sie. Ist ein Wort aus der Fragestellung im Text versteckt? Oft ist das ein wichtiger Hinweis auf die richtige Antwort.
- Halte dich nicht zu lange mit einzelnen Aufgaben auf. Wenn du eine Fragestellung nicht gleich verstehst, gehe sofort zur nächsten.
- Achte bei Tabellen und Grafiken genau auf die Bezeichnungen.
- Runde krumme Zahlen vor dem Rechnen.
- Verplempere deine Zeit nicht mit detaillierten Rechnungen. Schätze lieber.

MYTHOS BRAINTEASER

Wer schon einmal in einem Vorstellungsgespräch einen Brainteaser gestellt bekommen hat, vergisst ihn so schnell nicht wieder. Ein Berater aus Frankfurt nutzt seinen Brainteaser jetzt manchmal als Partyspiel. Der Interviewer hatte es ihm so erklärt: Er solle eine Zahl zwischen eins und zehn nennen. Dann würde er selbst eine Zahl nennen, die mindestens um eins, maximal um zehn höher ist als die genannte. So solle es hin und her gehen. Gewonnen habe das Spiel, wer als erstes die Zahl 50 nennt. »Mit welcher Zahl wollen Sie anfangen?«, fragte der Interviewer.

Der Bewerber ging das Problem rückwärts an: Um als erster 50 nennen zu können, muss man sein Gegenüber dazu bringen, vorher eine Zahl zwischen 40 und 49 zu nennen. Damit das klappt, muss man selbst vorher zwangsläufig 39 wählen. Dafür muss der andere aber eine Zahl zwischen 29 und 38 genannt haben. Dazu zwingen kann man ihn nur, wenn man vorher die 28 ausgewählt hatte. So arbeitete sich der Bewerber vor, bis er auf die Sechs als Ausgangszahl kam. Damit hatte er den Brainteaser gelöst.

Solche »Hirnkitzler« entscheiden nie allein über eine Zu- oder Absage, sondern runden nur das Bild ab, das die Recruiter am Auswahltag von den Kandidaten gewinnen. Die Denksportaufgaben sollen testen, wie logisch und kreativ Bewerber denken können: Wie viele Quadratmeter Pizza werden in den USA jede Woche gegessen? Wie viele Menschen nutzen an einem Freitagnachmittag um halb drei Facebook? Solchen Fragen kann man sich noch mit groben Schätzungen nähern, bei anderen hilft nur Fantasie: Stellen Sie sich vor, Sie wären ein Pizzalieferant. Würde Ihnen eine Schere bei der Arbeit helfen? Glauben Sie an Big Foot? Warum sind Tennisbälle flauschig?

Brainteaser ist ein Oberbegriff für kuriose Fragen, für deren Lösung man um die Ecke denken muss. Offiziell werden Brainteaser von vielen Unternehmensberatungen abgelehnt. Bei McKinsey oder BCG heißt es zum Beispiel, sie würden in den Interviews nicht gestellt. Aber was ein Brainteaser ist und was nicht, wird von jedem anders definiert. Die Fallstudien, von denen McKinsey-Beraterin Christiane Bergner und BCG-Consultant Selma Stern in diesem Buch berichten, würden manche locker als Brainteaser einordnen: Wie viel Umsatz macht eine Tankstelle in den USA im Schnitt pro Monat? Was würden Sie als Investor für das Riesenrad London Eye zahlen?

Umgekehrt entspricht der Brainteaser, den Matthias König lösen musste, nicht der Definition von McKinsey-Recruiting-Chef Thomas Fritz: Für ihn gehört zum Lösen eines Brainteasers »auch immer Glück dazu«, wie er im Interview auf Seite 154 sagt. Dieser Brainteaser ist eigentlich nur eine Logik- und Rechenaufgabe und hat mit Glück nichts zu tun.

Generell lässt sich festhalten, dass man als Bewerber bei einer Unternehmensberatung eher mit einem mathematischen als mit einem rein kreativen Brainteaser rechnen muss. Wie bei den Fallstudien gilt auch hier: Der Weg ist das Ziel. Die Interviewer wollen sehen, wie du überraschende Aufgabenstellungen angehst. Die konkrete Lösung ist oft gar nicht das Entscheidende. »Brainteaser eignen sich gut, um mathematische Kenntnisse oder wirtschaftliches Urteilsvermögen zu testen«, sagt Diana Eid, Recruiting-Chefin von Bain & Company. »Wir verfügen über ein Repertoire an Teasern. Ob sie – und welche – den Kandidaten gestellt werden, ist den jeweiligen Interviewern überlassen.« Die Aufgaben seien aber nur »ein kleiner Baustein« im Auswahlprozess.

Eigentlich gibt es nur drei Möglichkeiten, einen Brainteaser zu vergeigen:

1 Du kennst die Frage schon aus dem Internet und gibst ohne weitere Erklärung plötzlich die richtige Antwort.

2 Du sagst gar nichts.

3 Du fragst, was das denn mit der Arbeit als Consultant zu tun habe.

Wenn du einen Brainteaser schon kennst, solltest du gut schauspielern können – oder so ehrlich sein und um einen neuen bitten. Das beste Ergebnis erzielst du nämlich nicht mit einer richtigen Antwort, sondern damit, dass die Interviewer den Eindruck bekommen, Denksportaufgaben machen dir Spaß.

Wir haben dir zehn BrainTeaser zum Üben zusammengestellt. Scanne den QR-Code (links) oder gehe auf http://tinyqr.com/ar. Das Kölner Startup PrepLounge, das ein Portal eigens für Bewerber bei Unternehmensberatungen aufgebaut hat, veröffentlicht jeden Tag einen Brainteaser:

www.facebook.com/daily.consulting.brain.teaser

FAZIT Die Einladung zum Auswahltag ist da? Herzlichen Glückwunsch! Jetzt kannst du diese Chance in einen festen Job verwandeln! Du weißt jetzt, welche Aufgaben dich bei den Topberatungen erwarten, auf was Recruiter besonders achten und wie du ihnen beweist, dass du der oder die Richtige bist für den Job. Du kennst nun für jede Aufgabe eine eigene Lösungsstrategie. Und mit den Übungsaufgaben kannst du die Tipps und Tricks gleich ausprobieren.

**Auf-
wärts** immer,
abwärts nimmer

WIE DER ALLTAG WIRKLICH AUSSIEHT

Eine typische Woche **196**
Allein unter Männern **204**
Worauf wartest du noch? **210**

EINLEITUNG FÜR VIELE IST »CONSULTANT« GLEICHBEDEUTEND MIT »WORKAHOLIC«. MACHEN WIR UNS NICHTS VOR: EINE WOCHE URLAUB ALLE SECHS MONATE GILT BEI DEN MEISTEN UNTERNEHMENSBERATERN SCHON ALS LUXUS. NATÜRLICH STEHT DAS SO NICHT IM ARBEITSVERTRAG. WORAUF DU DICH WIRKLICH EINLÄSST, SCHAUEN WIR UNS MAL GENAUER AN.

Bei McKinsey haben Berater zum Beispiel jedes Jahr 25 Tage Urlaub – und zusätzlich Anspruch auf zwei freie bezahlte Monate Personal Time. Rein theoretisch können Berater im Januar anfangen und schon für Juli und August die erste Auszeit anmelden. (Ob das für Berufseinsteiger karrieretechnisch ratsam ist, sei mal dahingestellt.) Das Gehalt kommt in den arbeitsfreien Monaten weiter aufs Konto, allerdings ist das Jahresgehalt insgesamt niedriger als von Kollegen, die auf die Auszeit verzichten. Nach eigenen Angaben hat bei McKinsey im Schnitt schon jeder sechste Berater ein solches Mini-Sabbatical genommen – die meisten allerdings nur für einen Monat.

Die Möglichkeit, einen »Leave of absence« zu nehmen, gibt es bei den meisten Unternehmensberatungen. Du wirst auch nicht schief angeguckt, wenn du die Auszeit nicht für eine Doktorarbeit, sondern für eine Weltreise nutzen willst. Im Vergleich zu anderen Branchen hat die Unternehmensberatung nämlich einen großen Vorteil: Gearbeitet wird immer in Projekten. Zwischen zwei Projekten kann problemlos eine Auszeit eingeschoben werden, ohne dass man etwas verpassen würde oder die Kollegen ständig anrufen, weil sie doch noch eine kurze Frage haben. Wenn du zurückkommst, steigst du einfach ins nächste

Projekt ein. Ob das dann gleich wieder dein Wunschprojekt ist, ist eine andere Frage.

Auf der Recruiting-Seite von BCG findet sich eine Art Tagebuch eines Senior Consultants, der als Paradebeispiel seiner Zunft von der PR-Abteilung auserkoren wurde, Einblick in sein Arbeitsleben zu geben. Selbstverständlich ist er begeistert davon, wie abwechslungsreich sein Job doch ist (»Gestern Zahnbürsten, heute Luftfracht!«) und hat ein unerschütterliches Selbstbewusstsein (»Die Abschlusspräsentation wirft zwar teilweise mehr Fragen als Antworten auf, das ist aber auch nicht schlimm.«). Seinem Projektleiter schenkt er zum Projektabschluss zusammen mit den Kollegen ein Michelin-Männchen, das auf einen Autoreifen montiert wurde: Der Teamleiter hatte sie immer dazu angefeuert, »noch mehr Gummi zu geben«. ♦ Das nächste Projekt des Beraters ist in Hongkong, dort sieht er sich in vier Tagen 25 Apartments an. Es macht auch nichts, dass er weder etwas über den chinesischen Markt noch über Mikrowellengeräte, das Thema des Projekts, weiß. Gerade wegen der »externen Sicht« schaffe man einen »erheblichen Wert« für den Kunden, ist er überzeugt.

♦ *Zu »noch mehr Gummi geben« sagen Berater »Straffes Zeitmanagement«.*

Das Tagebuch beginnt im Mai, seinen ersten Urlaub hat der Berater im August, und zwar »eine volle Woche lang«. Im Oktober berichtet er von »langen Hiking-Touren«, im Dezember und im Februar verreist er »mit Kollegen für ein paar Tage«. Sein Jahr fasst er folgendermaßen zusammen:

▶ Transfer von München nach Hongkong: Was für eine Chance!
▶ Viel gelernt: Drei Fälle und zahlreiche Short Assignments.
▶ Viel gesehen: Hongkong, Tokio, Shanghai, Singapur, Seoul, San Francisco, Chicago, Los Angeles.
▶ Viel gegessen: kantonesisch, ostchinesisch, indisch, japanisch, koreanisch, thailändisch, amerikanisch, vietnamesisch.
▶ Viel Besuch: Neun Freunde und meine Eltern.

▶ Und sonst? Viel gelacht, viel getanzt, viel gelaufen, wenig geschlafen – einfach ein geniales Jahr!

Eine Woche Urlaub im Jahr und zweimal für ein paar Tage mit Kollegen verreist … Manche Menschen würden das als Folter empfinden, der Consultant und die PR-Abteilung von BCG finden es »genial«. Das solltest du auch, sonst wirst du zumindest bei den Top-Beratungen sicherlich nicht glücklich. Denn das, was dieser Prototyp-Consultant beschreibt, ist ja nur die Schokoladenseite des Jobs. Sich in der eigenen Wohnung fremd zu fühlen, weil man höchstens zwei Tage pro Woche dort verbringt, keinem festen Hobby nachgehen zu können, den Partner und die Kinder nur selten und die Freunde noch seltener zu sehen, das sind die Schattenseiten. Wer steht schon gerne montagmorgens um 5 Uhr früh auf, um eine Stunde später schon im Flieger sitzen zu können? Für einen Berater (der hier ungenannt bleiben will) waren die schönsten Minuten des Tages die, in denen im Flugzeug die elektronischen Geräte ausgeschaltet werden mussten. Der Tag, an dem diese Regelung abgeschafft wurde, war ein düsterer für ihn.

Egal, was die Interviewer und die netten Berater beim Recruiting-Event erzählen: Privatleben kannst du erst mal abhaken. Aber wenn du eine Turbokarriere anstrebst, gilt das auch für viele andere Branchen. Wie »schlimm« es wirklich wird, hängt also von dir ab. Es muss ja nicht immer McKinsey oder BCG sein.

ZWISCHENRUF
»LEISTUNG ZEIGEN HEISST, LANGE IM BÜRO SEIN«, SAGT HENRIK ZABOROWSKI.

»Mir begegnet in Gesprächen mit Studenten immer wieder ein Argument gegen die Beratungsbranche – die langen Arbeitszeiten. Die Alternativen sehen meine Gesprächspartner dann in einem Job in einem Konzern. Ob diese Gleichung immer richtig ist? Da möchte ich zumindest mal ein Fragezeichen setzen.

Warum?
Nun, zum einen ist Beratung nicht gleich Beratung. Will heißen: In einer der klassischen, reinen Strategieberatungen arbeitest du definitiv bis spät in die Nacht. Etwas anderes zu behaupten ist reine Augenwischerei. Viele Management- oder IT-Beratungen – oft gerade die mittelständischen – haben dagegen deutlich moderatere Arbeitszeiten. Ein Grund ist, dass die Kunden nicht so hohe Beraterhonorare zahlen und daher der Erwartungsdruck an die Berater nicht so extrem hoch ist. Darüber hinaus sind die Projekte oft eher umsetzungsorientiert mit einer längeren Laufzeit (statt sechs bis acht Wochen reden wir dann über sechs bis 18 Monate, in der IT-Beratung sogar noch länger). Die Berater integrieren sich bei so einer langen Laufzeit »wie von selbst« in die Unternehmenskultur. Sie stehen nicht mehr ständig unter Beobachtung, und es werden keine kurzfristig greifenden Maßnahmen erwartet. Die Kunden erwarten keine permanenten Überstunden mehr (Ausnahmen und projektbedingte Hochphasen gibt es natürlich immer). Außerdem sind die Gehälter in den umsetzungsorientierten Beratungen deutlich niedriger als in der Strategieberatung. Da haben die Vorgesetzten wenig Handlungsspielraum, ihre jungen Berater zu dem gleichen Arbeitspensum anzutreiben wie einen Strategieberater, ohne Angst haben zu müssen, dass diese gleich wieder gehen.
Zum anderen würde ich dir nicht garantieren, dass du im Konzern oder gehobenen Mittelstand weniger arbeitest als in einer Beratungsfirma. Ich meine, wenn du Karriere machen und zeigen willst, was du kannst – dann gehst du oft über die normale Arbeitszeit hinaus. Erst recht, wenn du in eine Führungsposition hineinwachsen

willst. Karriere ohne besondere Leistung? Das wird auch in Zukunft kein Selbstläufer. In den Köpfen der meisten Vorgesetzten und Unternehmenslenker heißt ›Leistung zeigen‹ vor allem erst einmal, ›lange im Büro sein‹.«

Eine typische Woche

Montagmorgen, 4.30 Uhr: Der Wecker klingelt – eineinhalb Stunden früher als sonst. Das Taxi zum Flughafen wartet schon. Es geht nach Madrid, via München. Erst um 22 Uhr wird er dort ins Hotel kommen.

Ein ganz normaler Wochenbeginn für einen Consultant einer mittelständischen Unternehmensberatung aus Hamburg. Er erlaubt uns einen Blick in seinen Kalender. »Ich habe ein halbes Jahr lang von montags bis donnerstags in Madrid gearbeitet, aber ich war kein einziges Mal in der Innenstadt«, sagt er. »Alles, was ich gesehen habe, war das Industriegebiet, wo die Firma ihren Sitz hatte - und der Flughafen.« Vor allem die Mittwoche seien stressig: Weil es am Donnerstagabend zurück nach Deutschland geht und er bis zum Rückflug die Arbeit vor Ort abschließen muss, schuftet er in der Regel bis 2 Uhr nachts. Um 7 Uhr früh klingelt der Wecker.

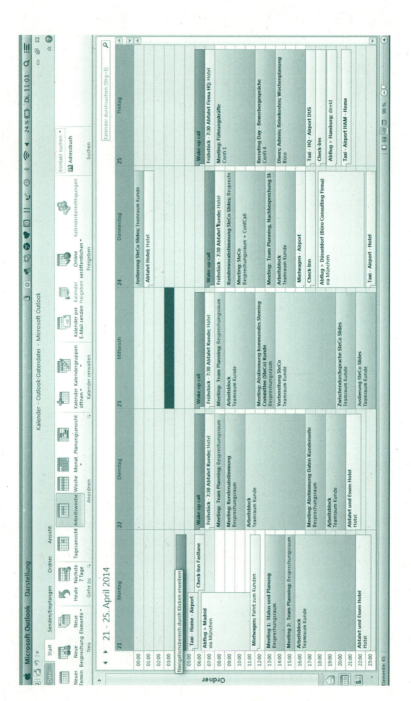

▼ Eine typische Beraterwoche

Consulting Cookbook

ZWISCHENRUF
»EINE 45-STUNDEN-WOCHE FINDET MEHR BEACHTUNG ALS DIESELBE LEISTUNG IN 20 STUNDEN.«, SAGT ALEXANDRA GÖTZE.

»Wenn du dich mit Work-Life-Balance im Kontext von Unternehmensberatungen auseinandersetzt, kommst du an den drei Faktoren ›können, wollen und dürfen‹ nicht vorbei. Diese drei Begriffe werden dir in deiner beruflichen Laufbahn immer wieder begegnen. Falls du zum Beispiel planst, Führungsverantwortung zu übernehmen, hilft dir dieser Dreispänner bei der Frage, wie Mitarbeiter zu mehr Leistung durch Motivation angestoßen werden können. Denn Leistung definiert sich nun mal aus:

Können (Fähigkeit) x Wollen (Bereitschaft) x Dürfen (Möglichkeit).

Warum es sinnvoll ist, sich dem Thema Work-Life-Balance mit dieser Triade zu nähern? Ich kenne keine Unternehmensberatung, in der Berater nicht eine höchst individuelle Work-Life-Balance leben dürfen. Dafür kenne ich viele, die das schlichtweg nicht können!
Doch eins nach dem anderen: Beginnen wir mit der Definition von Work-Life-Balance und der Frage des ›Wollens‹: Work-Life-Balance meint nichts Geringeres als einen Zustand, der das Arbeits- und das Privatleben miteinander in (zeitlichen) Einklang bringt. Das hört sich nicht besonders komplex an – vor allem, wenn man an sich schon ein guter Planer und Organisator ist. Man wird ja wohl noch Zeit für das eine und das andere einplanen können. Aber warum klagen dann so viele Menschen darüber, dass Work und Life nicht in Balance sind? Warum

arbeiten Menschen über ihre natürlichen Ressourcen hinaus und sind ständig abrufbereit? Mir ist in meiner über 20-jährigen Karriere nicht ein Mensch begegnet, dem der Ausgleich von Beruf- und Privatleben nicht wichtig gewesen wäre. Wie das >Wollen< dann ausgestaltet wird, ist höchst subjektiv. Wann und ob man das Gefühl hat, dass Arbeits- und Privatleben im Einklang sind und welche Parameter dafür entscheidend sind, definiert jeder selbst. Manche Menschen sprechen von Balance, wenn am Ende des Arbeitstags noch eine Stunde für persönliche Dinge übrig ist, andere wiederum empfinden sich erst als ausbalanciert, wenn die gleiche Zeit in Arbeit wie in das Treffen mit Freunden investiert wurde. Jeder also nach eigenem Gusto.
Nun zum Thema >Dürfen<: Unternehmensberatungen sind sich meist bewusst, dass ihre Mitarbeiter ihr wichtigstes Asset◆ sind.

◆ Asset = das humane Anlagekapital, ohne das im Kundengeschäft gar nichts ginge.

So ist es nicht verwunderlich, dass gerade Beratungshäuser im Bereich Care & Benefits für die eigenen Mitarbeiter die Nase vorn haben! Du brauchst ein Jahr Auszeit? Kein Problem! Willst dich mal im sozialen Bereich ausprobieren? Logo! Haben wir, organisieren wir für dich! Firmenwagen, erstklassiges IT-Equipment, Senator-Status und super Projektfeten natürlich inklusive. Dafür sind Beratungen bekannt, das war schon immer so und ist (mit kleinen Anpassungen) auch so geblieben. Mit dem Einstieg in ein Beratungsunternehmen entscheidest du dich auch heute noch für den Robinson Club unter den Karrierehäusern. Das All-Inclusive->We-care-more<-Paket für alle Mitarbeiter.
Es steht daher außer Frage, dass man dort auch die gewünschte Work-Life-Balance leben darf.

Damit du dem Unternehmen weiterhin mit deiner Arbeitskraft zur Verfügung stehst, sind Beratungen bereit, unglaublich viele Kompromisse einzugehen.

Somit setzen wir also einen Haken hinter das ›Wollen‹ und das ›Dürfen‹. Schauen wir nun auf das ›Können‹: Ich erzähle sicher nichts Neues, wenn ich sage, dass der Karriereschritt in eine Unternehmensberatung immer ein Schritt in ein ausgeprägtes Leistungsunternehmen ist.

Mitarbeiter in Beratungsunternehmen scheuen den (kollegialen) Leistungsvergleich nicht. Ihnen ist bewusst, dass sie in einer Dienstleistungsbranche arbeiten und die Arbeit für/mit/an Kunden höchste Priorität hat. Sie schätzen vor allem die innovativen Aufgaben, den lösungsfokussierten Ansatz und die Arbeit in hoch motivierten Teams. Sie wissen, dass sie zweimal im Jahr von ihren Chefs beurteilt werden und dass sich davon nicht nur der Bonus ableitet. Viel wichtiger: Die Beurteilung sagt den Mitarbeitern, wo sie sich im Vergleich zu den direkten Kollegen im Leistungssystem befinden: Sind sie ›Below-‹, ›Consistent-‹, ›Above-‹ oder sogar ›At-the-very-top‹-Performer? Diese Auszeichnung ist oftmals der Dreh- und Angelpunkt des Beraterschaffens. Und übrigens auch einer der maßgeblichsten Treiber, gerade für junge Unternehmensberater!

Beratungsunternehmen fordern zur ultimativen Competition heraus: Wer schafft es, aus der Masse der Hochleistungskollegen noch ein Stück herauszuragen? Wer wird am Ende des Jahres mit der Anerkennung belohnt, die jeder verdient hätte? Und wer darf sich auch in diesem Jahr die Enttäuschung darüber nicht anmerken lassen,

Bist du ein ›Below-‹, ›Consistent-‹, ›Above-‹ oder sogar ein ›At-the-very-top‹-Performer?

dass der Kollege oder die Kollegin wieder an einem vorbeigeschossen ist?
Für Berater heißt es einmal im Jahr wieder unten anzufangen, am langen Arm der Anerkennung. Leistung hat im Beratungsgeschäft kein Langzeitgedächtnis – neues Jahr, alles auf Anfang. Jeder hat die gleiche Chance, das Spiel beginnt von vorn. Wer kann sich wieder aufraffen und doppelt Gas geben? Was das nun mit der Work-Life-Balance zu tun hat? Alles!
Denn während man aufs Gas treten will, fällt einem ein, dass man doch im kommenden Jahr etwas kürzer treten wollte. Mehr Sport, weniger Arbeit. Vielleicht mal einen Tag pro Woche frei. Doch der Zeitpunkt könnte schlechter nicht sein, will man doch gerade jetzt beweisen, was man kann. Jetzt hat man so geschuftet … (Übrigens geht es den >At-the-top<-Performern nicht anders, denn die wollen natürlich da oben bleiben!)
Mit dem Start in diese Leistungsunternehmen geht man einen Deal ein: Leistung gegen – nein, nicht Geld! – Anerkennung. Leistung gegen >dazugehören<! Wer leistet, ist nun mal gern gesehen, High Five für die extra Meile, super Job – wir danken dir! Nimm die Beförderung und den spitzen Job beim A++-Kunden gleich dazu. Machen wir uns nichts vor – diese Anerkennung ist so viel mehr wert als Bares!
Ich höre bereits die empörten Ausrufe: >Leistung kann man doch auch in 20 Stunden pro Woche oder in nur sechs Stunden pro Tag erbringen.< Natürlich kann man das! Aber das ist nicht der Deal. (Und übrigens auch nicht das Geschäftsmodell! Wir reden hier immer noch vom High-Class-Dienstleistungssektor.)
Sehen wir den Tatsachen ins Auge: Noch ist es so, dass in Beratungshäusern die Leistung einer

45+-Woche mehr Beachtung findet als die gleiche Leistung in 20 Stunden. Die gute Nachricht: In ein paar Jahren wird man diese Ansichten neu bewerten müssen. Ein Hoch auf den demografischen Wandel, den Fachkräftemangel und die aktuellen Wertediskussionen!

In Unternehmensberatungen Work-Life-Balance zu können bedeutet, in der Lage zu sein, die Abhängigkeit von anderen und die Anerkennung von außen auf das Geringste zu reduzieren. Nicht viele können diesen Schritt zur Seite aushalten. Ich habe etliche Mitarbeiter erlebt, die die Schuld ihrer nicht stattfindenden Work-Life-Balance nur zu gerne auf das Unternehmen abgewälzt haben. Das heißt nicht, dass das Management der Beratungshäuser die firmeninterne Haltung zum Thema Leistung nicht unbedingt überdenken müsste. Aber das steht nun mal auf einem anderen Blatt. Fest steht jedoch, dass die Mitarbeiter selbst die Verantwortung über die eigene Lebensgestaltung haben und eigene Entscheidungen treffen. Gerade mit dem Schritt in die Unternehmensberaterbranche weiß man, worauf man sich einlässt.«

Allein unter Männern

Unternehmensberater haben zum Thema Frauenquote schnell den passenden Beratersprech-Slogan (»Fair-Share«) oder die passende Studie parat, aber in den eigenen Reihen dominieren Anzug und Krawatte oft stärker als in den Firmen, die sie analysieren.

Auf den unteren Hierarchieebenen finden sich noch vergleichsweise viele Frauen – auf der Ebene der Partner kann man sie an zwei Händen abzählen. In den großen Beratungshäusern mit mehr als zehn Millionen Euro Umsatz im Jahr sind auf der untersten Hierarchiestufe 31 Prozent der Consultants weiblich, auf der Stufe der Senior Berater 26 Prozent – und auf der Stufe der Partner sind es nur noch vier Prozent.

»Obwohl gerade die Marktschwergewichte in den letzten Jahren eine Vielzahl an Aktivitäten gestartet haben, um den Einstieg für weibliche Hochschulabsolventinnen oder Quereinsteigerinnen zu erleichtern, ist die Situation in den Beratungsgesellschaften aller Größenklassen fast unverändert«, schreibt der BDU in seiner Studie zum Beratermarkt 2013/14. Für Bewerberinnen bedeutet das nach wie vor: Einstiegschancen, die besonders auf sie zugeschnitten sind. Am Auswahltag selbst gibt es zwar keinen Frauen-Bonus, dafür gibt es viele Recruiting-Events nur für Kandidatinnen. Sie tragen meist Namen wie »Women's Day« (McKinsey), »Women Care« (A. T. Kearney) oder

»Female Focus« (BCG). Bewerberinnen können sich dort mit Beraterinnen austauschen, es gibt gratis Snacks und Getränke, gern auch mal eine Reise nach Paris, eine Nackenmassage oder Maniküre. Und beim »Female Leadership Program« von McKinsey werden Studentinnen und Doktorandinnen ganze zwei Jahre lang studienbegleitend zu Führungstrainings und Networking-Events eingeladen und bekommen jeweils eine Mentorin zur Seite gestellt. Bain bietet ein ähnliches Programm für sechs Monate an.

Auch die Big Four der Wirtschaftsprüfungsgesellschaften und viele mittelständische Unternehmensberatungen buhlen um Bewerberinnen – mitunter mit deutlich mehr Erfolg als die großen. »Kleineren Beratungsfirmen gelingt es offensichtlich nach wie vor am besten, Frauen für den Consultingberuf zu begeistern«, schreibt der BDU. In Consultingfirmen mit weniger als einer Million Euro Jahresumsatz liegt der Anteil der Junior Beraterinnen immerhin bei 43 Prozent – und selbst auf der höchsten Hierarchiestufe sind dort von 100 Partnern 27 weiblich. Der Grund dafür liegt auf der Hand: In mittelständischen Firmen kann die Arbeitszeit deutlich flexibler eingeteilt werden. Mit flexiblen Arbeitszeitmodellen werben zwar auch die Top-Beratungen, doch machen wir uns nichts vor: Einfach mal die Arbeitszeit reduzieren funktioniert dort nur auf den oberen Hierarchieebenen. Als Junior-Berater ist man ausschließlich für ein Projekt zuständig, das heißt, es bleibt nicht viel Handlungsspielraum. Wer schon weiter oben auf der Karriereleiter steht, kann sich die Zeit besser einteilen, muss im Fall einer Schwangerschaft aber immer noch mit blöden Sprüchen rechnen.

Nichtsdestotrotz können fast alle Beratungen ein, zwei Frauen vorzeigen, die es bis zur Partnerin geschafft haben – mit Kind und Teilzeitjob. Und fast alle großen Unternehmensberatungen arbeiten mittlerweile mit sogenannten Familienservices zusammen: Agenturen, die bei der Suche nach Tagesmüttern oder Kitaplätzen helfen, Ferienprogramme organisieren oder Betreuer schicken, wenn ein Kind plötzlich krank wird. Ob und wie sich der Job mit der Familienplanung vereinbaren lässt, muss jeder selbst herausfinden. Aber das gilt ja nicht nur für diese Branche – und auch nicht nur für Frauen.

ZWISCHENRUF
**»WIE MAN SICH VERHÄLT, HAT NICHTS MIT DEM GESCHLECHT ZU TUN«,
SAGT ALEXANDRA GÖTZE.**

»Ich hielt vor kurzem einen Vortrag in einem der Big-Four-Beratungshäuser vor der HR-Abteilung. So war es für mich nicht überraschend, dort vor allem auf Frauen zu treffen, da diese Abteilung traditionellerweise von Frauen besetzt ist. Grund meiner Rede war ein gewünschter Erfahrungsbericht meiner jahrelangen Führungsverantwortung und meine Erfahrung als ›Frau in der Beratung‹.
Ich entschied mich, den Einstieg in das Geschlechterthema mit einer Frage an die anwesenden Damen zu beginnen: Wie viele Bücher zum Thema Frauen versus Männer oder Frauen im Job haben sie bereits gelesen und an wie vielen Trainings oder Fortbildungen diesbezüglich teilgenommen? Ich erwartete ein umfangreiches Feedback und Storytelling der Frauen – doch das blieb aus. Die Reaktionen der Mitarbeiterinnen hätten für mich nicht überraschender sein können: Fast keine Frau im Publikum hatte sich mit Literatur zum Thema auseinandergesetzt, keine der Damen ein Training besucht!
Im ersten Moment war ich überrascht, dann begeistert. Das ist doch ein untrügliches Zeichen dafür, dass sich diese jungen Arbeitnehmerinnen nicht mehr von der Geschlechterfrage hin- und herreißen lassen und somit dem ganzen Thema mit einer gewissen Gelassenheit gegenüberstehen. Das würde doch bedeuten, dass hier Frauen ins Berufsleben nachrücken, die keine Verunsicherung bezüglich ihres Geschlechts spüren. Frauen, die sich nicht von Diskussionen beeinflussen

lassen, die in einer Zeit und auf einem Arbeitsmarkt stattfanden, der mit ihrer beruflichen und demografischen Situation heute nicht mehr das Geringste zu tun hat.
Sachlich betrachtet steht das Thema >Frau im Beruf< natürlich noch vor Herausforderungen. Die Anliegen sind komplex und vielschichtig: Frauenquote, gläserne Decke, monetäre Ungerechtigkeiten und natürlich – nicht zu vergessen – Kinderplanung und sonstige familiäre Herausforderungen. All diese Themen brauchen immer noch eine Lobby, keine Frage! Nur dürfen sie nicht – wie immer noch viel zu häufig der Fall – dazu missbraucht werden, das subjektive Verhalten von Frauen zu objektivieren, um daraus (angeblich karriereentscheidende) Veränderungsmaßnahmen zu proklamieren. Die Diskussionen darüber, wie Frau zu sein hat, sind mir längst ein Dorn im Auge!
Es ist schlichtweg Humbug, das Verhalten eines Menschen geschlechtsspezifisch und dazu noch kontextfrei erklären zu wollen. Ob Frauen in Verhandlungen eher zurückhaltend sind und Männer davon überzeugt, das beste Pferd im Stall zu sein, liegt nicht am Geschlecht. Der Ursprung dieses Verhaltens liegt in der Erziehung, den Glaubenssätzen, den Erfahrungen und den persönlichen Treibern eines jeden einzelnen Menschen. So etwas lässt sich nicht als >geschlechtstypisch< abtun.
Und doch gibt es sie, die – wie ich sie nenne – Verhaltenstyrannen, Menschen, die mir in meiner Karriere sagen wollten, wie ich sein soll: >Lass dies, lieber ruhiger, lieber lauter ...<
Mit solch einer Schreckensherrschaft ist niemandem geholfen, von der eigenen Karriereförderung ganz zu schweigen. Du bist, wer und wie du sein willst. Falls nicht – ändere es! Aber tu

es aus deiner Motivation heraus, und nicht, weil man dir vorschreiben will, wie du zu sein hast.«

FAZIT Du wolltest rein, jetzt bist du drin – und nun? Gefällt dir, was du gelesen hast? Du weißt jetzt, wie der Arbeitsalltag eines Consultants wirklich aussieht, wann du in Zukunft morgens aufstehen wirst, und was Berater meinen, wenn sie von einer gesunden Work-Life-Balance sprechen. Außerdem ging in diesem Kapitel um Beraterinnen – und die Frage, ob sich Familie und Consulting vereinbaren lassen.

Worauf wartest Du noch?

Unternehmensberater ist ein faszinierender Beruf. Ein Beruf mit vielen Sonnen-, aber auch mit vielen Schattenseiten. Bei der Recherche für dieses Buch habe ich mit Dutzenden Consultants gesprochen. Es waren wenige dabei, die den Job ihr ganzes Leben lang machen wollen, aber auch wenige, die sich nicht noch einmal bewerben würden.

Manche hadern mit der wenigen Freizeit, die sie haben, andere leiden unter dem permanenten Unterwegssein oder den skeptischen Blicken der Mitarbeiter, deren Unternehmen sie auf Kurs bringen sollen. Doch keiner hat es bereut, diesen Beruf ergriffen zu haben.

In keinem anderen Job bekommt man so schnell so tiefe Einblicke in fremde Unternehmen. Für Berater werden alle Bücher geöffnet, Zahlen hervorgekramt, Konferenzräume freigeräumt. Berater dürfen aussprechen, was sich andere nicht zu sagen trauen – und werden sogar noch dafür bezahlt. Ihre Meinung zählt, auf höchster Ebene. Eben mal zum Chef reinlaufen und ihm sagen, was er besser machen kann? Für Berater das Tagesgeschäft.

Kein Projekt ist wie das andere, Langeweile kommt höchstens beim Formatieren der PowerPoint-Slides auf. Einfluss haben, viel Geld verdienen und keine Routinen kennen – wem würde das nicht gefallen? Doch Unternehmensberater zahlen auch den Preis dafür. Wer auf der Überholspur lebt, darf sich nicht wundern, wenn er die meisten Attraktionen am Straßenrand verpasst.

Für die Bewerbung gilt dasselbe wie für den ganzen Beruf: Sie ist nervenaufreibend, spannend, herausfordernd – und aus nächster Nähe betrachtet weniger Ehrfurcht erregend und Furcht einflößend als es scheint. Es gibt sicher leichtere Wege, an einen Job zu kommen. Aber auch schwierigere. Wenn du dieses Buch gelesen hast, weißt du, wo du hinwillst und was du tun musst, um dorthin zu gelangen. Worauf wartest du noch?

Über die Autorin und die Experten

DIE AUTORIN

VERENA TÖPPER, Jahrgang 1982, studierte Publizistik, Amerikanistik und Filmwissenschaft in Mainz, Wien und Washington, D. C. Sie schrieb bereits während des Studiums für verschiedene Zeitungen und Spiegel online. Seit 2011 ist sie dort als Redakteurin im Ressort Karriere tätig.

DIE EXPERTEN

ALEXANDRA GÖTZE arbeitet als Business & Personal Coach in Wiesbaden. Sie verfügt über eine 25-jährige Berufs- und Führungserfahrung und hat sich auf das Coaching von Führungskräften des mittleren Managements spezialisiert. Im IT-Beratungshaus Accenture verantwortete sie viele Jahre die Bereiche Recruiting und Personalmarketing.

HENRIK ZABOROWSKI ist selbständiger Recruiting-Coach und verfügt über 13 Jahre Erfahrung im operativen und strategischen Recruiting, vor allem für die Strategie-, IT- & Managementberatungsbranche. Er berät Unternehmen bei der Optimierung ihres Recruitings und bloggt auf www.hzaborowski.de über die Themen Recruiting, Bewerbung und die Zukunft der Arbeit.

DIE AUFLÖSUNG DES RATESPIELS VON S. 92-93:
1H, 2F, 3K, 4J, 5B, 6L, 7E, 8C, 9D, 10G, 11M, 12A, 13I

ISBN 978-3-593-50139-0

DAS WERK EINSCHLIESSLICH ALLER SEINER TEILE IST URHEBERRECHTLICH
GESCHÜTZT. JEDE VERWERTUNG IST OHNE ZUSTIMMUNG DES VERLAGS
UNZULÄSSIG. DAS GILT INSBESONDERE FÜR VERVIELFÄLTIGUNGEN,
ÜBERSETZUNGEN, MIKROVERFILMUNGEN UND DIE EINSPEICHERUNG UND
VERARBEITUNG IN ELEKTRONISCHEN SYSTEMEN.
COPYRIGHT © 2014 CAMPUS VERLAG GMBH, FRANKFURT AM MAIN
UMSCHLAGGESTALTUNG: TOTAL ITALIC, THIERRY WIJNBERG, AMSTERDAM/BERLIN
GESTALTUNG UND LAYOUT: INSTITUT FÜR BUCHGESTALTUNG, BIELEFELD;
PROF. DIRK FÜTTERER, MARCEL HILLEBRAND, JOANA NITSCHKE, MONA TIEMANN
SATZ: PUBLIKATIONS ATELIER, DREIEICH
GESETZT AUS DER VITESSE, GRETA UND LETTER GOTHIC
DRUCK UND BINDUNG: BELTZ BAD LANGENSALZA
PRINTED IN GERMANY

DIESES BUCH IST AUCH ALS E-BOOK ERSCHIENEN.
WWW.CAMPUS.DE

Tim Clark, Alexander Osterwalder,
Yves Pigneur
Business Model You
Dein Leben – Deine Karriere –
Dein Spiel

2012. 256 Seiten,
durchgehen farbig

Auch als E-Book erhältlich

Dein Leben – deine Spielregeln!

328 Menschen aus 43 Ländern haben an der Entstehung dieses Karriereguides mitgewirkt. Das Ergebnis: ein wunderbares Buch für alle, die ihr persönliches Erfolgsmodell entwickeln und realisieren wollen. Besonders für Menschen, die sich ihr Leben und ihre Karriere nicht gern aus der Hand nehmen lassen.

»Methodisch wie inhaltlich auf der Höhe der Zeit.«
Süddeutsche Zeitung

campus.de

Frankfurt. New York

Catharina Bruns
work is not a job
Was Arbeit ist, entscheidest du!

2013. 240 Seiten,
zahlreiche Illustrationen

Auch als E-Book erhältlich

Du bist, was du tust!

Die meiste Zeit unseres Lebens verbringen wir mit Arbeit – da lohnt es sich, hin und wieder die Frage zu stellen: Kann ich mich mit dem, was ich tue, wirklich identifizieren? Grundlage dieses Buchs ist der Wunsch, sich von einem fremdbestimmten »9 to 5«-Konstrukt zu verabschieden und einen eigenen Arbeits- und Lebensstil zu schaffen – jenseits des klassischen Angestelltenverhältnisses und angemessen an die Veränderungen der heutigen Arbeitswelt. Dies ist daher auch kein klassischer Ratgeber: Es ist vielmehr ein Inspirationsbuch, das Denkanstöße für die eigene Selbstverwirklichung gibt.

campus.de

Frankfurt. New York